公路工程标准规范理解与应用丛书

《公路排水设计规范》释义手册

刘伯莹　关彦斌　丁小军　吴万平　等　编著

人民交通出版社

内 容 提 要

本书为《公路排水设计规范》(JTG/T D33—2012)配套用书,以新旧规范条文对照的形式,介绍了新规范条文的出处,修改、补充内容,修改理由,并详细介绍了为满足规范要求可采取的技术措施和设计方法,使规范条文更具可操作性,方便读者学习使用规范。

本书涵盖了公路排水设计方方面面的内容,是公路排水设计技术人员不可多得的常备工具书。

图书在版编目(CIP)数据

《公路排水设计规范》释义手册/刘伯莹等编著
--北京:人民交通出版社,2013.2

ISBN 978-7-114-10371-1

Ⅰ.①公… Ⅱ.①刘… Ⅲ.①道路工程—排水工程—设计规范—手册 Ⅳ.①U417.3-65

中国版本图书馆 CIP 数据核字(2013)第 030923 号

书　　名:**《公路排水设计规范》释义手册**
著 作 者:刘伯莹　关彦斌　丁小军　吴万平　等
责任编辑:吴有铭　李　农
出版发行:人民交通出版社
地　　址:(100011)北京市朝阳区安定门外外馆斜街 3 号
网　　址:http://www.ccpress.com.cn
销售电话:(010)59757973
总 经 销:人民交通出版社发行部
经　　销:各地新华书店
印　　刷:北京市密东印刷有限公司
开　　本:720×960　1/16
印　　张:10.25
字　　数:140 千
版　　次:2013 年 2 月　第 1 版
印　　次:2013 年 2 月　第 1 次印刷
书　　号:ISBN 978-7-114-10371-1
定　　价:50.00 元

前　言 QIANYAN

时隔15年，新修订的《公路排水设计规范》（JTG/T D33—2012）颁布实施。15年间，无论在减少路基路面及公路构造物水损害、提高公路耐久性方面，还是有关公路排水的新技术、新材料方面，都有了很大的发展。为帮助广大技术人员更好地理解规范条文并了解条文编制的背景，正确运用规范解决工程实际问题，我们编写了《<公路排水设计规范>释义手册》一书。

本书由多位撰稿人共同完成，其中第1章、第2章、第5章和第9章由刘伯莹、关彦斌、姚晓阳撰写，第3章由张冬青撰写，第4章、第6章由吴万平、阮艳彬撰写，第7章、第8章由丁小军、李刚撰写。全书由关彦斌统稿。本书在编写过程中，得到了有关单位和个人，以及参与规范编制人员的大力支持，在此表示衷心感谢！书中不妥之处，敬请广大读者批评指正。

为方便读者阅读，新规范、原规范条文分别以黑体、楷体字示出，条文释义以宋体字示出。

本书内容仅供参考，如有与《公路排水设计规范》（JTC/T D33—2012）不一致之处，以“规范”规定为准。

作　者

2013年1月

目　录 MULU

1 总则

按照规范编制相关规定，规范的总则主要应该规定规范的编制目的、适用范围、其他应该共同遵守及注意的事项。

原规范总则共有4条，第3条有6款，本次修订通过对原条文内容进行归纳和梳理，将部分款的内容升为条，使新规范的总则变为6条。其主要修订理由如下：

（1）公路排水设计应结合公路的总体设计进行统筹规划，使全线形成完善的排水系统。其排水设施设计应具有系统性和协调性，故将原规范1.0.3条的第2款修改后升为条。

（2）环境保护是我国的基本国策。随着经济建设的迅速发展，环境污染也日趋严重。为此，国家颁布了一系列的环境法规，以改善环境质量。其中，《水污染防治法》、《水土保持法》、《地表水环境质量标准》（GB 3838）、《地下水质量标准》（GB/T 14848）、《海水水质标准》（GB 3097）等，均与公路排水有关，进行设计时必须遵循，使路界内的排水不污染饮用水水体，公路经过水环境敏感路段时，应采取相应的处理措施使水环境资源不受污染，坡面上的流水不对坡面岩土造成冲刷、流失。故将原规范1.0.3条的第1款修改后升为条文。

（3）当今所处的时代是科学技术迅速发展的时代，新技术、新材料、新工艺不断涌现。为及时吸收和采用国内外的先进经验和新技术、新材料、新工艺，故将原规范1.0.3条第3款升为条。

原总则1.0.3条第4～6款的内容不适合作为总则而删除，将其列入新增第3章总体要求中。

1.0.1 为防止地面水和地下水对公路的损害，保证结构稳定、行车安全，制定本

规范。

1.0.1 为防止地面水和地下水对公路的损害,确保公路排水畅通、结构稳定、行车安全,特制订本规范。

在原规范 1.0.1 条基础上,本条文字稍有变动。水是危害公路的主要自然因素。公路排水系统设计的目的就是迅速排除公路路界内的地表水,防止地表水漫流、淤积或下渗,确保公路路基稳定;对路界以外的地表水进行拦截并排除到公路路基用地范围以外,以防止其对公路路基的冲刷和侵蚀;对影响路基稳定的地下水,则予以隔断、疏导,排除含水层的地下水,降低地下水位,使路基与地基处于相应的干燥状态。因此,路基路面的排水设计合理与否直接影响着路基的稳定性及路面的使用寿命。

1.0.2 本规范适用于新建和改扩建各等级公路的排水设计。

1.0.2 本规范适用于新建和改建公路的排水设计。公路大、中修和改善工程的排水设计,可参照使用。

本次修订不涉及公路大、中修和改善工程的排水设计。由于公路养护的大、中修和改善工程情况比较复杂,不宜和公路新建和改扩建工程等同,因此将原规范总则 1.0.2 条的"公路大、中修和改善工程的排水设计,可参照使用"删除。

1.0.3 路界内排水设施应统筹规划,合理布局,与路界外排水系统和设施合理衔接。

本条为新增内容。排水设施应与沿线地形、地貌、天然河道、桥涵隧等综合考虑,并有机结合。

1.0.4 公路排水设计应重视环境保护和水土保持,防止水体污染。

1.0.3 公路排水设计应遵循下列原则:

1 全面规划,合理布局,少占农田,并与当地排灌系统协调,防止冲毁农田及其水利设施。重视环境保护,防止水土流失和水源污染。

1.0.5 公路排水设计应在不断总结实践经验和科研成果的基础上，积极采用新技术、新材料和新工艺。

1.0.3 公路排水设计应遵循下列原则：

3 在不断总结生产实践经验和科学试验的基础上，积极采用新材料、新技术和新工艺。

1.0.6 公路排水设计除应符合本规范外，尚应符合国家现行有关标准的相关规定。

1.0.4 公路排水设计除应符合本规范外，尚应符合国家及交通部颁发的现行有关标准和规范的规定。

本条主要是明确本规范与相关规范的关系。尽管本规范适用于全国，但我国幅员辽阔，工程性质、种类众多，而且还有专项工程及某些特殊地区的工程，若仅限于本规范，有时尚不能满足要求。公路排水设计涉及的有关标准和规范较多，诸如，特殊地区（路段）的公路排水设计，需结合工程的特殊性进行，这就要求符合有关的专门规范［如《湿陷性黄土地区建筑规范》（GB 50025）、《膨胀土地区设计规范》（GBJ 112）］的有关规定；公路穿越城镇的排水设计，则需考虑城镇排水方面的规范［如《室外排水设计规范》（GB 50014）］的有关规定，等等。

另外，需要注意，有时同一内容会出现在多本规范中。由于规范的修订时间不同步，使用规范时，必须区别规范出版的先后，区分规范的从属关系。

2 术语和符号

2.1 术语

原规范有17条术语,修订后为15条。本次修订的主导思想是只编写与公路排水设计有密切关系的常用术语。

原规范的2.1.2术语内容在新规范4.1.1条中得到充分说明,修订后的术语将其删除。原规范的2.1.3、2.1.4、2.1.5、2.1.6、2.1.11和2.1.12术语内容通俗易懂,不必给出定义,故将其删除。

本次修订新增5条术语,分别为2.1.4蒸发池、2.1.6渗井、2.1.7暗沟、2.1.8水环境敏感路段及2.1.13降雨历时。

本规范术语的涵义是概括性的,并非国际或国家公认的定义。术语的英文名称有可能不是标准化名称,仅供引用时参考。

2.1.1 公路排水系统 drainage system

由拦截、汇集、输送、排放公路用地范围内地表水和地下水的设施组成的系统。

2.1.1 排水系统 drainage system

由各种拦截、汇集、拦蓄、输送、排放地表水或地下水的排水设施和构造物组合成的总体。

在原规范2.1.1基础上,本条文字稍有变动。进一步明确了公路排水设计的范围,强调了设置排水设施的系统性。

2.1.2 拦水带 dike

沿硬路肩或路面外侧边缘设置,拦截路表面水的带状结构物。

2.1.15 拦水带 dike

沿路肩外侧边缘设置的拦截路面和路肩表面水的堤埂，由沥青混凝土铺筑或水泥混凝土预制而成。

本次修订明确了拦水带的设置位置。由于地区的差异，拦水带所采用的材料不尽相同，故删除了原术语中"由沥青混凝土铺筑或水泥混凝土预制而成"关于材料的规定。

2.1.3　反滤层　filter layer

保证水流通过，并防止水流带走土中的细颗粒堵塞排水设施的过滤层。

2.1.16　反滤层、反滤织物　filter layer; filter fabric

为防止携带细粒的水流在渗流过程中将排水设施或构造物的孔隙堵塞而设置的滤层。由具有不同粒度的粒料层或具有渗滤功能的土工织物构成。

删除了原规范术语中的反滤织物，使修订后的术语更加明确。在原术语的基础上，本术语文字稍有变动。目前，反滤层材料较多，故删除了原规范中"由具有不同粒度的粒料层或具有渗滤功能的土工织物构成"。

2.1.4　蒸发池　evaporation pond

设置在路界范围外，暂时储存路界内排除水，并使之通过蒸发等方式排除的水池。

2.1.5　渗沟　underdrains

在地面下或路基内设置，汇集、排除地下水或路基内水的沟状结构物。

2.1.17　渗沟　underdrains

在地面下或路基内设置的排水沟，由排水管或排水洞、透水性回填粒料和反滤织物或反滤层组成，以拦截或降低地下水位。

在原术语的基础上，本术语文字稍有变动。删除了原规范中"由排水管或排水洞、透水性回填粒料和反滤织物或反滤层组成，以拦截或降低地下水位"。

2.1.6　渗井　percolation well

竖直设置于地下，汇集、排除地表水或地下水的竖井状结构物。可用透水材料

填充。

2.1.7　暗沟　blind drain

设在地面以下或路基内，引导水流排出路界范围的沟状结构物。无渗水和汇水功能。

2.1.8　水环境敏感路段　sensitive section of water environment

路线穿越要求排放水质为不低于现行《地表水环境质量标准》(GB 3838)中Ⅳ类水质标准区域的路段，或穿越要求排放水质为不低于现行《海水水质标准》(GB 3097)中的第三类水质标准海域的路段。其中穿越要求水质不低于Ⅱ类区域或第一类海域的路段为水环境强敏感路段；要求水质不低于Ⅲ类区域或第二类海域的路段为水环境中敏感路段；要求水质不低于Ⅳ类区域或第三类海域的路段为水环境弱敏感路段。

2.1.9　径流系数　coefficient of runoff

径流量占总降水量的百分率。

2.1.7　径流系数　coefficient of runoff

径流量占总降水量的百分率。

2.1.10　设计径流量　design rate of runoff

由设计降雨重现期和降雨历时的降雨引起的设计点径流量。

2.1.8　设计径流量　design peak rate of runoff; design discharge

在所考虑设计地点，预期由设计重现期和降雨历时的降雨所引起的径流量。此径流量为排水设施或构造物在该点所需排放的水量。

在原术语的基础上，本术语文字稍有变动。

2.1.11　设计降雨重现期　design recurrence interval of rainfall

某一预期强度的降雨重复出现的平均周期。

2.1.9　设计降雨重现期　design recurrence interval of rainfall; design storm frequency

某一预期强度的降雨重复出现的平均周期。

2.1.12 汇流历时 time of concentration

径流从汇水区内最远点(按水流时间计)流至设计点所需的时间。

2.1.10 汇流历时 time of concentration

径流从汇水区内最远点(按水流时间计)流达设计地点所需的时间,由坡面汇流历时和沟管内汇流历时组成。

在原术语的基础上,本术语文字稍有变动。

2.1.13 降雨历时 time of rainfall

降雨引起的径流由汇水区最远点到设计控制点的汇流时间,其值为由汇水区最远点到排水设施处的坡面汇流历时和在沟或管内由入口到控制点的沟管汇流历时之和。

2.1.14 重现期转换系数 converting factor of recurrence interval

设计降雨重现期的降雨强度与某一标准重现期的降雨强度的比值。

2.1.13 重现期转换系数 converting factor of recurrence interval

设计重现期的降雨强度与某一标准重现期的降雨强度的比值。

2.1.15 降雨历时转换系数 converting factor of rainfall duration

设计降雨历时的降雨强度与某一标准降雨历时的降雨强度的比值。

2.1.14 降雨历时转换系数 converting factor of time of concentration

设计降雨历时的降雨强度与某一标准降雨历时的降雨强度的比值。

2.2 符号

本次修订将原规范中重复出现的符号进行了统一编排和定义,更加清晰,无歧义。

2.2.1 路面内部排水

Q_p——纵向每延米行车道路面表面水渗入量；

Q_{cb}——纵向每延米排水基层的泄水能力；

K_e——每延米水泥混凝土路面接缝或裂缝的表面水设计渗入率；

K_a——每平方米沥青路面的路面表面水设计渗入率；

i_h——横坡坡度；

i_z——纵坡坡度；

B——单向坡度路面的宽度；

k_b——排水基层的渗透系数。

2.2.2 地表径流量

Q——设计径流量；

F——汇水面积；

$q_{p,t}$——设计重现期和降雨历时内的平均降雨强度；

ψ——地表径流系数；

P——设计重现期；

t——降雨历时；

v——沟管平均流速；

c_p——重现期转换系数；

c_t——降雨历时转换系数。

2.2.3 沟和管的水力计算

Q_c——泄水能力；

Q_0——泄水口泄水量；

A——过水断面面积；

I——水力坡度；

n——沟壁或管壁粗糙系数；

ρ——过水断面的湿周；

R——水力半径；

h——沟或过水断面的水深。

2.2.4 地下排水设施水力计算

Q_s——单位长度渗沟一侧沟壁的地下水渗入量或单位长度渗井的流量；

L_s——地下水位受渗沟影响而降落的水平距离；

L_l——两相邻渗沟间距之半；

h_c——含水层内地下水位的高度；

h_s——渗沟位置处地下水位的下降幅度；

k_h——含水层材料的渗透系数。

3 总体要求

本章为新增内容，共18条，主要规定了排水系统的组成、排水设计的内容及其他排水设计要求。

3.0.1 公路排水系统的设置应以保障结构稳定和行车安全为目的。系统中的路界地表、路面内部及路界地下排水设施间应互相衔接与协调，保证公路排水系统的有效性和耐久性。

3.0.2 公路排水设计应包括排水系统总体设计、水文调查与计算、排水设施结构形式和材料选择、水力计算等内容。

3.0.3 公路排水系统总体设计应在全面调查沿线水文、气象、地形、地质、环境敏感区等建设条件的基础上，根据公路功能、等级，确定排水设计原则，划分排水段落，分段确定路线和主要构造物排水方案和排水路线，完成排水系统布置图。

3.0.4 公路排水系统的总体设计应在公路总体设计中同步完成，工程条件简单、不进行总体设计的公路工程，宜单独对排水系统进行总体设计。

3.0.5 公路排水系统应与主体工程及自然环境相适应。设计中应注重各种排水设施的功能和相互之间的衔接，防、排结合，形成完善的排水系统。

3.0.6 公路排水设计应避免冲毁农田及水利设施。

1.0.3 公路排水设计应遵循下列原则：

1 全面规划，合理布局，少占农田，并与当地排灌系统协调，防止冲毁农田及其水利设施。重视环境保护，防止水土流失和水源污染。

本条是将原规范1.0.3条第1款部分内容升级为条文。节约土地是我国的基本国策。因此，公路的排水设计必须重视用地的节约，少占农田；重视农田水利，防止冲毁农田和水利设施等。

3.0.7 穿越城镇的公路排水设施应与城镇现有或规划的排水系统相协调。

1.0.3 公路排水设计应遵循下列原则：

5 穿越城镇的公路，其排水设计应与城镇现有或规划的排水系统和设施相协调。

本条为原规范1.0.3条第5款内容，文字稍有变动。公路穿越城镇段的排水较非城镇路段的排水复杂。这是因为路界范围的排水必然与城镇的排水相关联。设计时应结合城镇现有的或规划的排水系统和设施进行。

3.0.8 排水设施的结构应安全耐久、经济合理，便于施工、检查和养护维修。

1.0.3 公路排水设计应遵循下列原则：

4 考虑施工场地的临时性排水设施，并尽可能使之与永久性排水设施结合起来。各项排水设施和构造物的设计，均应考虑便于施工、检查和养护维修。

本条为原规范1.0.3条第4款部分内容，文字稍有变动。各项排水设施如不进行经常养护，会由于水流的冲刷作用或由所携带细粒的淤积和堵塞而失效。因此，所设计的排水设施应便于检查、清通、维修，为养护创造必要的条件。

3.0.9 施工临时性排水设施宜与永久性排水设施相结合。

本条为原规范1.0.3条第4款部分内容。公路工程施工过程中，排水是很重要的问题。应避免施工中排水不当，对工程造成不良影响；尽量减少临时工程费用，避免浪费。

3.0.10 冰冻区地面排水设施应耐冰冻、耐盐蚀；地下排水设施应置于当地最大冻深线以下，无法满足时，应采取保温措施。

本条为新增内容。在季冻区，尤其是高纬度地区，地面排水设施经过冻融循环作用，以及每年除雪喷洒的融雪剂的腐蚀作用，致使排水设施的冻害较为严重，影响到其排水功能。因此，在设计时应综合考虑融雪剂、冻融循环的作用影响。地下排水设施埋深小于当地最大冻结深度时，春融季节排水设施内易充满冰块，使排水功能失效，造成溢流、冲刷及淤塞等。无法满足时，应采取保温防冻措施。

3.0.11　公路路线设计应做好综合规划，降低下穿道路排水难度。路线设计高程低于临近水体时，应进行专门的防排水设计，保证安全。

本条为新增内容。在交叉工程设计中，设计人员往往基于经济考虑而采用下挖被交道路的方式，并忽视下穿道路的排水设计，由此导致不少下穿道路在雨季积水，严重影响了车辆和行人的正常通行。这在许多建成的高等级公路中已成为教训之一，应引起设计人员的重视。

3.0.12　桥面应设置完善的排水设施，应重视桥面防水层、黏结层的设置和材料选择。

本条为新增内容。通过大量的调研发现，国内许多桥面铺装的破坏均和未设防水层或防水层设计不合理有关，桥面铺装下部设置防水层主要是为了减少渗水对桥面板的影响。防水层主要材料包括：涂膜、卷材、防水板、涂料土工织物等专用防水材料；沥青砂、浇筑式沥青混凝土、沥青玛蹄脂、热融沥青碎石、稀浆封层等聚合物改性沥青类防水材料；环氧沥青、环氧树脂下封层等反应性树脂类防水材料等。我国桥梁防水层的种类、材料较多，因此应综合考虑气候条件、交通荷载、桥面铺装类型、防水性能、黏结力和施工工艺等因素合理选择，切不可简单照搬、盲目采用。防水黏结层的设置是为了使防水层和桥面充分黏结并防止水分下渗，通常根据实际情况选用桥面专用防水涂料、聚氨酯胶泥、环氧树脂、阳离子乳化沥青、氯丁胶乳等高分子聚合物涂胶。

3.0.13　隧道排水设计应采取防、排、截、堵相结合的综合措施，隧道内外应形成完整的排水系统。

本条为新增内容。隧道的水害是由洞内、洞外的多种因素引起的，所以仅靠单一的办法不可能得到很好的解决。根据多年来隧道治水的经验，防排水应遵循“防、排、截、堵结合，因地制宜，综合治理和保护生态环境”的原则。

“防”：即要求隧道衬砌、防水层具有防水能力，防止地下水透过防水层、衬砌结构渗入洞内。

“排”：即隧道应有畅通的排水设施，将衬砌背后、路面结构层下的积水排入洞内中心水沟或路侧边沟，排出衬砌背后的积水，能减少或消除衬砌背后的水压力，排得越好，衬砌渗漏水的几率就越小，防水也就更容易；排出路面结构层下的积水，能防止路面冒水、翻浆、结构破坏。

“截”：对易于渗漏到隧道的地表水，应采用设置截（排）水沟、清除积水、填筑积水坑洼地、封闭渗漏点等措施。对于地下水，应采取导坑、泄水洞、井点降水等措施。

“堵”：针对隧道围岩有渗漏水地段，采用注浆、喷涂、堵水墙等方法，将地下水堵在围岩体内。

隧道防排水工作，应结合水文地质条件、施工技术水平、材料来源和成本等，因地制宜，选择适宜的方法，以达到使用期内结构和设备“正常使用和行车安全”的目的。

当隧道内渗漏水会引起地表水减少，影响植被生长，影响居民生产、生活用水时，如果再一味地追求“排水”，显然会对生态环境产生不利影响。在这种情况下，应以保护环境为出发点，对围岩采取堵水措施，减少地下水的渗漏。

3.0.14　多年冻土、膨胀土、黄土、盐渍土及滑坡等路段，应将排水系统作为处治措施的组成部分，进行综合设计。

1.0.3　公路排水设计应遵循下列原则：

6　黄土、膨胀土、盐渍土、多年冻土、滑坡等特殊地区（段）的公路，其排水设计应结合该工程的其他处治措施综合进行。

本条为原规范1.0.3条第6款内容，文字稍有变动。

3.0.15　公路经过水环境敏感路段时，应采取相应的路（桥）面等水收集、处理措施。

本条为新增内容。水环境敏感路段的概念在公路行业规范中首次提出。

水环境敏感路段的公路排水本着“分区排放,分级处理”的原则进行。

3.0.16　蒸发池与路基边沟外缘的距离不得小于5m,且应设置隔离网、踏步等安全防护设施。蒸发池的设计水位应低于排水沟沟底高程,池的容积应能满足及时完成渗透和蒸发的要求。多年冻土、黄土等对蒸发池设置有特殊要求的地区,应进行特殊设计。

4.4.15　气候干旱、排水困难地段,可利用沿线的集中取土坑或专门开挖的凹坑修筑蒸发池,以汇集路界地表水,并通过蒸发和渗漏使之消散。蒸发池边缘距路基边沟不应小于5m,面积较大的蒸发池不得小于20m。蒸发池同边沟或排水沟之间设排水沟相连。池中水位应低于排水沟沟底。池的容量应以一个月内地表水汇入池中的水量能及时完成渗透和蒸发作为依据,但每个池的容量不宜超过200~300m^3,蓄水深度不应大于1.5~2.0m。

本条主要内容源自原规范4.4.15条。在此基础上对多年冻土及黄土地区蒸发池设计提出要求。

3.0.17　路侧公路排水设施的形式选择应与安全设施设置紧密配合。路堑段排水边沟宜采用浅碟形或带盖板的边沟,采用敞开式深边沟时路侧应设置护栏。

本条为新增内容。排水设施设计时满足排水要求与保障行车的安全措施需综合考虑。

3.0.18　公路排水设施不应兼作其他非公路排水用途。

4.1.5　路界地表排水设施不应兼作其他流水用途。对于二级以下的公路,如受条件限制而需兼用时,应限制在较小的范围和规模内,符合公路排水设计原则,并应进行个别设计。

本条是在原规范4.1.5基础上修订的,删除了“对于二级以下的公路,如受条件限制而需兼用时,应限制在较小的范围和规模内,符合公路排水设计原则,并应进行个别设计”。公路地表排水设施是按公路的特点和要求设计的,与其他部门(如农业、水利等)的引水、排水设施的功能要求有很多不同之处,在使用、管理、收益和开支等方面不易协调一致,合用往往利少弊多。因而,本条强调了地表排水设施不应兼作其他流水用途。当路基排水设施占用灌溉沟渠或其他排水设施时,应按原有系统进行恢复和调整改善,不得任意取消或合并。

4 路界地表排水

路界地表排水是公路排水设计的重要组成部分。本次修订后的章节较原规范增加了一节,修订后为:4.1 节一般规定;4.2 节路面表面排水;4.3 节中央分隔带排水;4.4 节超高段排水;4.5 节坡面排水。

本章内容与原规范内容差别不大,主要差别是要求、规定、标准等内容更加精炼、明确。在使用条文时,应注意不强调具体做法,只要求最终达到条文的规定,满足条文的要求即可。原规范条文共有 34 条,修订后为 35 条。4.2 节较原规范减少 3 条;4.3 节较原规范减少 1 条;4.4 节为原规范 4.2 节与 4.3 节部分内容修订整合而成,为 6 条;4.5 节较原规范 4.4 节减少 1 条。

4.1 一般规定

原规范 4.1.5 条内容经过修改,将部分内容列入 3.0.18 条。原规范 4.1.7条内容与新增水环境敏感路段排水内容重复而删除,删除内容如下:

4.1.7 地表排水沟管排放的水流不得直接排入饮用水水源,也不宜直接排入养殖池。

4.1.1 路界地表排水可包括路(桥)面表面、中央分隔带、坡面和由公路毗邻地带或交叉道路流入路界内的表面水的排除。

4.1.1 路界地表排水包括路面(含路肩)、中央分隔带、路基边坡坡面和路界范围内地表坡面的表面排水,以及如不拦截有可能进入路界的公路毗邻地带的地表水和由相交道路进入路界内的地表水的排除。

本条在原规范 4.1.1 条基础上修订的。路界地表排水的目的,即是把降落在路界范围内的表面水有效地汇集并迅速排除出路界,同时把路界外可能流入的地表水拦截在路界范围外(但不包括横穿路界的自然水道内的水流),以减少地表水对路基和路面的危害以及对行车安全的威胁。

4.1.2 路界地表排水应采取防、排、截相结合的综合措施,并应做好与桥涵、隧道等排水系统的衔接。路界地表水不宜流入桥面、隧道内。不宜利用隧道内部排水系统排除路界地表水。

本条为新增内容。排水设计时应结合沿线地形、地质、水文、气象等条件以及桥涵设置情况进行综合考虑,遵循防、排、截结合,形成完善通畅的排水系统,各类排水设施应相互衔接配合,使水迅速排出路基范围。尤其是山区公路,应重视坡面排水系统的总体布置设计,对于地形、水文复杂路段,宜逢沟设涵,及时排除坡面汇集的地表水,保证路基安全稳定。避免有些工程因排水系统不完善,并沟设涵过多,或者截排水设施没有充分考虑并沟后的实际泄流量,造成坡面冲刷、边沟淤塞;有的工程是排水设施出口衔接不畅,出口处产生坡面冲刷。路界地表排水不仅要从工程角度进行设计,保证路桥隧地表排水设施的正常衔接,防止水对路基、路面和路界内外各设施造成危害,还要考虑对环境景观的美化及与自然水系分布协调等综合因素,使其充分发挥排水效果,与公路沿线自然环境相融合。

4.1.3 路界地表排水设施的布设应充分利用地形和天然水系,做好进出口位置的选择和处理,避免出现堵塞、溢流、渗漏、淤积、冲刷等现象,危害路基、路面和毗邻地带。

4.1.2 地表排水设施的布设应充分利用地形和天然水系,形成完善的排水系统,并做好进出口位置的选择和处理,使水流顺畅,不出现堵塞、溢流、渗漏、淤积、冲刷、冻结等,造成对路基、路面和毗邻地带的危害。

本条是在原规范4.1.2条基础上修订的,文字稍有变动。

4.1.4 路界地表排水设施的地基应密实稳定,结构形式应与地基条件相匹配。必要时,应采取有效措施防止地基变形引起的排水设施破坏。

本条为新增内容。排水设施应设置在密实牢固的地基上,对可能产生沉降的个别地段应进行地基强化处理;对沉降量大或沉降不可避免路段,应做好基底处理,并选用柔性排水设施,防止因基底沉降变形引起排水设施损坏。

4.1.5 路界地表排水设计应与坡面防护工程设计综合考虑。应采取有效措施防止坡面岩土由于冲刷导致失稳。

4.1.6 地表排水设计应与坡面防护工程综合考虑,采取有效措施防止坡面岩土遭受冲刷和失稳。

本条是在原规范4.1.6条基础上修订的。路堤和路堑边坡坡面应首先考虑采取坡面防护措施,以保障坡体稳定、减少冲刷(水土流失)和增加美观。路表排水设计应结合已采取的坡面防护措施,按所能提供的抗冲刷能力,选择适当的排水设施,避免由于考虑不当而使冲刷或失稳加剧。

4.1.6 路界地表排水设施的设计流量及沟管、泄水口的泄水能力应按第9章确定,沟管与泄水口的断面形状、尺寸、间距应根据设计流量确定。

4.1.3 各项地表排水设施的设计流量按第3章中所述的方法确定。各种沟管和泄水口的泄水能力按第8章中所述的方法计算确定,其断面形状和尺寸应满足排泄设计流量的要求。沟管内水流的最大和最小流速应控制在允许流速范围内。

本条是在原规范4.1.3条基础上修订的,删除了"沟管内水流的最大和最小流速应控制在允许流速范围内"的要求。排水设计除了选择沟管类型并布置成系统以外,还要确定各种沟管和泄水口的断面形状和尺寸,以保证排水设施有足够的排泄能力及经济性和效率。

4.1.7 路界地表排水设施所用材料的强度应不低于附录A的要求。

4.1.4 各种排水构造物的所用材料的强度应满足附录A中所列的要求。

4.2 路面表面排水

原规范4.2节共有7条,新规范为4条,将原规范4.2.7条内容合并到新

规范4.2.1条的第4款。原规范第4.2.2条和第4.2.3条删除,这两条均属路线设计内容。删除内容如下:

4.2.2 无中间带或采用分离式路基的公路,在未设超高路段上,行车道路面应沿路中心线设置向两侧倾斜的双向横坡;在设超高路段上,应设置向曲线内侧倾斜的单向横坡。设中间带的公路,各个行车方向的行车道路面应分别设置单向横坡,但单向车道数超过3个时,也可分别设置双向横坡。

4.2.3 路面和路肩横坡的坡度,应依据铺面类型,按《公路工程技术标准》(JTJ 01)中的规定选用。设拦水带时,右侧硬路肩的横向坡度宜采用5%。

4.2.1 路面表面排水设计应符合以下规定:

1 路堑地段路面表面水应通过横向排流的方式汇集于边沟内。

2 路堤较高且边坡坡面未作防护,或坡面虽有防护措施但仍有可能受到冲刷的路段,应采用路面集中排水系统排除路表水。

3 路线纵坡平缓、汇水量不大、路堤较低且边坡坡面不易受到冲刷的路段,以及设置了具有截、排水功能的骨架护坡的高填方路段,可采用路面横向分散漫流排水方式排除路表水。

4 设置拦水带汇集路表水时,高速公路及一级公路的设计积水宽度不得超过右侧车道外边缘;二级及二级以下公路不得超过右侧车道中心线。当硬路肩宽度较窄、汇水量大或拦水带形成的过水断面不足时,可采用沿土路肩设置U形路肩边沟等措施加大过水断面。路肩边沟宜采用水泥混凝土等预制件铺筑。

5 采用路面横向分散漫流方式排除路表水时,宜对土路肩及坡面进行加固。

4.2.1 路面表面排水设计应遵循下列原则:

2 在路线纵坡平缓、汇水量不大、路堤较低且边坡坡面不会受到冲刷的情况下,应采用在路堤边坡上横向漫流的方式排除路面表面水。

3 在路堤较高,边坡坡面未作防护而易遭受路面表面水流冲刷,或者坡面虽已采用防护措施但仍有可能受到冲刷时,应沿路肩外侧边缘设置拦水带,汇集路面表面水,然后通过泄水口和急流槽排离路堤。

4 设置拦水带汇集中表面水时,拦水带过水断面内的水面,在高速及一级公路时不得漫过右侧车道外边缘，在二级及二级以下公路时不得漫过右侧车道中心线。

4.2.7 在硬路肩宽度较窄，汇水宽度或汇水量大，使拦水带的过水断面不足时，可沿土路肩设置由U形水泥混凝土预制件铺筑的路肩边沟。

新规范4.2.1条是在原规范4.2.1条和4.2.7条基础上修订的。将原规范4.2.7条作为新规范的第4款的一部分内容。增加了第1款路堑地段路面表面水排水设计内容，使路面表面排水设计要求更加完善。原规范第1款内容未能充分体现路面表面排水设计的原则，故将其删除。删除内容如下：

4.2.1 路面表面排水设计应遵循下列原则：

1 降落在路面上的雨水，应通过路面横向坡度向两侧排流，避免行车道路面范围内出现积水。

路面表面排水的主要任务是迅速把降落在路面和路肩表面的水排走，以免造成路面积水而影响行车安全。首先考虑采取的是通过路面和路肩的横向坡度向路基两侧横向排流（当路线有纵坡时，则为沿合成坡度斜向排流）。当路基横断面为路堑时，横向排流的表面水汇集于边沟内。而当路基横断面为路堤时，可采用两种方式排除路面表面水：一种是让路面表面水以横向漫流形式向路堤坡面分散排放；另一种方式是在路肩外侧边缘处设置拦水带，将路面表面水汇集在拦水带连同路肩铺面（或者路肩和部分路面铺面）组成的浅三角形过水断面内，然后通讨隔一定距离设置的泄水口和急流槽集中排放到路堤坡脚外。两种排水方式的选择，主要依据表面水可能对路堤坡面造成的冲刷危害。在汇水量不大，路堤不高（即坡面水流路径不长、流速不大），路线纵坡不大（即合成坡度不大），坡面耐冲刷能力强（坡面采用防护措施或坡体为岩质填料）的情况下，应优先采用横向漫流分散排放的方式；而在表面水有可能冲刷路堤坡面的情况下，则采用将路面表面水汇集在拦水带内，通过泄水口和急流槽集中排放的方式。

设置拦水带，路面表面水便会汇集在拦水带过水断面内而形成积水。积水量大时，过水断面内的水面会漫过路肩，侵入行车道路面，从而影响到行车的通畅和安全。因此，在设计降雨强度条件下，过水断面内的水面只能覆盖路肩宽度，以保证右侧行车道无积水。当硬路肩宽度较窄时，汇水量大，暴雨地区或改扩建引起车道数增加导致路面汇水量增大，使拦水带过水断面不足时，可不设拦水带，改为沿土路肩设置的 U 形边沟，以汇集、拦截、引排路面表面水。U 形边沟可采用水泥混凝土构件。

4.2.2 路肩拦水带宜采用水泥混凝土、沥青砂或当地其他材料预制或现场浇筑。在季冻区及受盐侵蚀破坏的路段，宜采用现浇沥青砂、花岗岩、陶瓷预制件等耐冻、耐盐蚀材料。拦水带宜采用梯形横断面。

4.2.4 拦水带可由沥青混凝土现场浇筑，或者由水泥混凝土预制块铺砌而成。拦水带的横断面尺寸可参考图 4.2.4。拦水带的顶面应略高于过水断面的设计水面高（水深）。设计水深应遵照 4.2.1 条 4 款所述的设计原则，按设计流量由式(8.1.4) 计算确定。在低路堤不设防撞护栏的路段上，拦水带的外露高度不宜超过 10cm，其迎车面的坡度不宜陡于 1:2。

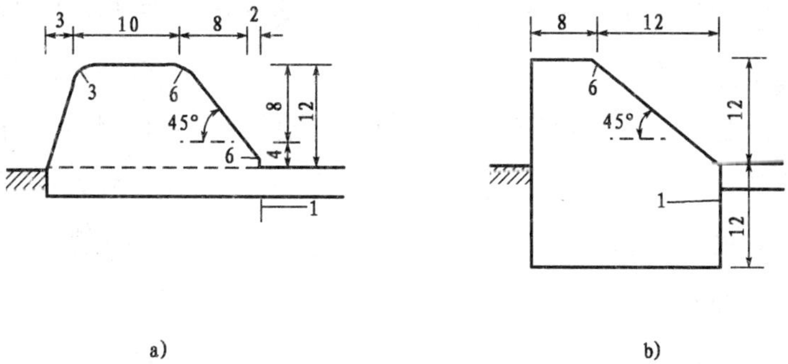

图 4.2.4 拦水带横断面参考尺寸(尺寸单位：cm)
a) 沥青混凝土拦水带；b) 水泥混凝土拦水带
1-硬路肩边缘

本条文是在原规范 4.2.4 条基础上修订的，顺序上改为 4.2.2 条，因在 4.2.1条第 4 款中提出了拦水带，在 4.2.2 条对拦水带的设计进行规定，使结构更加合理。在对拦水带的材料上不局限于仅采用沥青混凝土和水泥混凝土，新规范中增加了季冻区拦水带宜采用的材料，实用性更广。在寒冷地区，尤其是高纬度地区，目前水泥混凝土拦水带为C20或C25，经过冻融循环作用，以及每年除雪喷洒的融雪剂的腐蚀作用，水泥混凝土拦水带的冻害较为严重，影响到其排水功能。因此，在设计时应综合考虑融雪剂、冻融循环的作用影响，适当提高水泥混凝土强度等级，或者采用耐冻性好、耐盐蚀的材料。

4.2.3 拦水带泄水口的间距应根据过水断面水面漫盖宽度的要求和泄水口的泄水能力按第9章计算确定，宜为25～50m；高速公路、一级公路车道较多时，宜采用较小的泄水口间距。在凹形竖曲线底部、道路交叉口、匝道口、与桥涵构造物连接、填挖交界等处应设置拦水带泄水口。凹形竖曲线的底部应加密设置泄水口。

4.2.6 在道路交叉口、匝道口、与桥梁等构造物连接处、超高路段和一般路段的横坡转换处，应设置泄水口以避免路面表面水横向流过行车道或结构物。在纵坡符号变换的凹形竖曲线底部，泄水口应设在最低点，并在其前后相距3～5m处各增设一个泄水口。泄水口的设置间距，可按8.2.6条所示的方法计算确定，并以20～50m为宜。

本条是在原规范4.2.6条基础上修订的，文字稍有变动。为了避免汇集在拦水带内的路面表面水横向流过凹形竖曲线底部、相交的道路、匝道、与桥涵构造物连接处、填挖交界处等，应在这些地点设置泄水口，将汇集的水排除出去。泄水口应设在最低点，并在其前后相距3～5m处各增设一个泄水口。在凹形竖曲线的底部，需设置3个泄水口，以备设在最低点的泄水口被杂物堵塞后还有两个后备的泄水口可以排放汇集的表面水。

4.2.4 拦水带泄水口宜设置成喇叭口式。设在纵坡较大坡段上的泄水口，宜采用不对称的喇叭口式，喇叭口上游方向与下游方向的长度之比不宜小于3:1，上游方向渐变段最小半径不宜小于900mm，下游方向最小半径不宜小于600mm。

4.2.5 拦水带的泄水口可设置成开口（喇叭口）式。设在纵坡坡段上的泄水口，宜做成不对称的喇叭口，并在硬路肩边缘的外侧设置逐渐变宽的低凹区（图4.2.5）。低凹区的铺面类型与路肩相同。设在平坡或缓坡坡段上时，泄水口可做成对称式。泄水口的泄水量以及各项尺寸（开口长度、低凹区宽度和下凹深度等)，可按8.2.2和8.2.3条所述的方法计算确定。

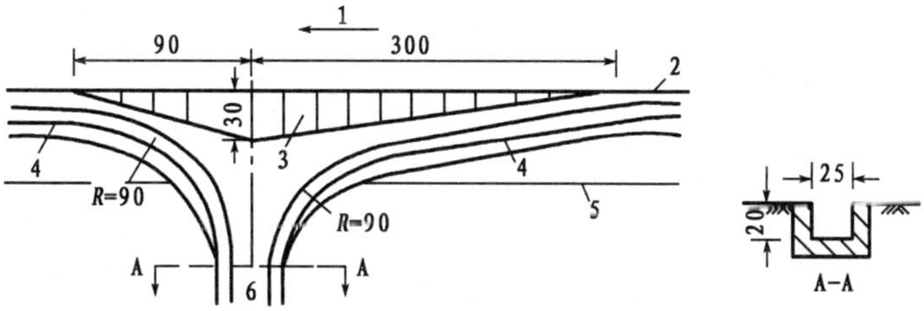

图4.2.5　纵坡坡段上拦水带不对称泄水口的平面布置示意(尺寸单位:cm)
1-水流流向;2-硬路肩边缘;3-低凹区;4-拦水带顶;5-路堤边坡坡顶;6-急流槽

本条是在原规范4.2.5条基础上修订的，对泄水口的个别细节不再规定，故将原规范的“并在硬路肩边缘的外侧设置逐渐变宽的低凹区。低凹区的铺面类型与路肩相同”删除了。原规范最后一句话在新规范4.1.6条中已规定，此处不再赘述，故将“泄水口的泄水量以及各项尺寸(开口长度、低凹区宽度和下凹深度等)，可按8.2.2和8.2.3条所述的方法计算确定”删除。

拦水带泄水口可做成对称式或非对称式的喇叭口。对称式便于施工，但在较大纵坡的路段上，非对称式泄水口的泄水能力由于水流顺畅而优于对称式。因而，对于设在坡度大于1.5%纵坡坡段上的泄水口，宜采用非对称式。水流通过泄水口时的水流状态为孔口流，为提高泄水口的泄水量，可在泄水口处设置低凹区。泄水口设计的主要参数为开口长度、低凹区的宽度和下凹深度，可以参照第9章所述的方法对泄水量和各项尺寸进行计算确定。

4.3　中央分隔带排水

新规范4.3节较原规范减少1条。4.3节的修订无论是在内容上还是格式上与原规范的4.3节有较大变动，主要体现在以下三个方面：将中央分隔带排水与超高段排水分开进行规定；取消中央分隔带3m宽度值限定；取消了相关示意图。新规范将原规范第4.3.2条和第4.3.4条的内容删除，删除内容如下：

4.3.2　缘石过水断面的泄水口可采用开口式、格栅式或组合式；碟形混凝土浅沟的泄水口采用格栅式。格栅铁条应平行于水流方向，孔口的净泄水面积应占格栅面积的一半以上。泄水口间距和截流量计算以及断面尺寸的选取，可按8.2.4、8.2.5和8.2.6条中所述的方法计算确定。

4.3.4　在中央分隔带内的水流流量过大或流速超过允许范围处，或者在分隔带低凹区的流水汇集处，设置格栅式泄水口，并通过排水管引排到桥涵或路界外。格栅可以同周围地面齐平；也可适当降低，并在其周围一定宽度范围内做成低凹区（图4.3.4），以增加泄水能力。泄水口的泄水量、间距或者格栅上面的水深，可按8.2.4、8.2.5和8.2.6条中所述的方法计算确定。

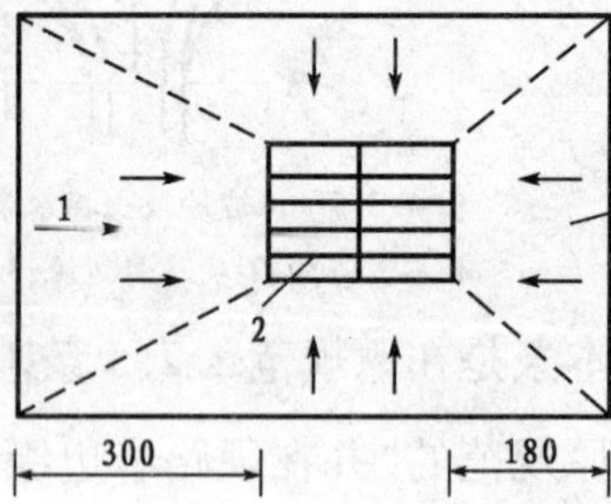

图4.3.4　中央分隔带格栅式泄水口布置示意（尺寸单位：cm）
1-上游；2-格栅；3-低凹区

4.3.1　中央分隔带表面未采用铺面封闭时，分隔带内部宜设置由防水层、纵向排水渗沟、集水槽和横向排水管等组成的防排水系统，如图4.3.1所示。宽度大于3m的中央分隔带表面宜设置成浅碟形，横向坡度宜为1∶4～1∶6。

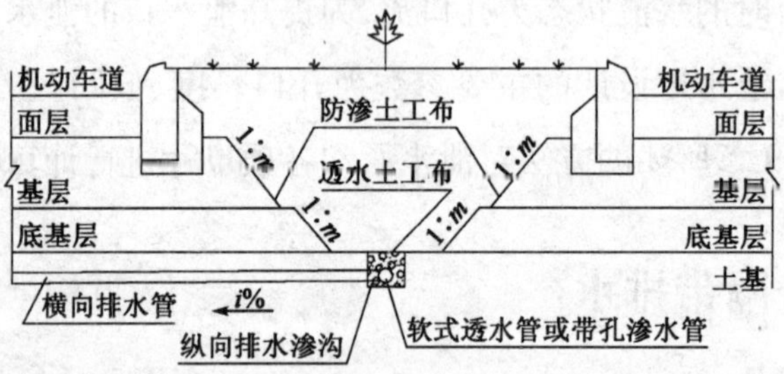

图4.3.1　不铺面中央分隔带防排水系统示意图

4.3.1　分隔带宽度小于3m且表面采用铺面封闭时，在不设超高路段上，分隔带铺面应采用向两侧外倾的横坡，其坡度与路面的横坡度相同；在超高路段上，可在分隔带上侧边缘处设置缘石和泄水口，或者在分隔带内设置缝隙式圆形集水管或碟形混凝土浅沟和泄水口(图4.3.1),以拦截和排泄上侧半幅路面的表面水。

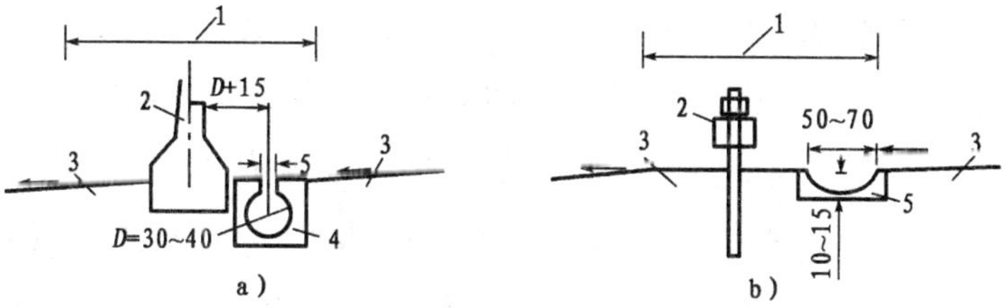

图4.3.1 超高路段上设置缝隙式圆形集水管或碟形浅沟(尺寸单位:cm)

a)缝隙式圆形集水管;b)碟形混凝土浅沟

1-中央分隔带;2-护栏;3-铺面;4-缝隙式圆形集水管;5-碟形混凝土浅沟

4.3.3 分隔带宽度大于3m且未采用铺面封闭时,应通过内倾的横向坡度使表面水流向分隔带中央低凹处,并通过纵坡排流到泄水口或横穿路界的桥涵水道中。分隔带的横向坡度不得陡于1:6;分隔带的纵向排水坡度,在过水断面无铺面时不得缓于0.25%,有铺面时不得缓于0.12%。当水流速度超过地面上的最大允许流速时,应在过水断面宽度范围内对地面土进行防冲刷处理,做成三角形或U形断面的水沟。防冲刷层可采用石灰或水泥稳定土或者采用浆砌片石铺砌,层厚10~15cm。

4.3.5 多雨地区表面无铺面且未采用表面排水措施的中央分隔带,为排除渗入分隔带内的表面水,可设置纵向排水渗沟(图4.3.5),并隔一定间距通过横向排水管将渗沟内的水排引出路界。渗沟周围包裹反滤织物(土工布),以免渗入水携带的细粒将渗沟堵塞。渗沟上的回填料与路面结构的交界面处铺设涂双层沥青的土工布隔渗层。排水管可采用直径70~150mm的塑料管。

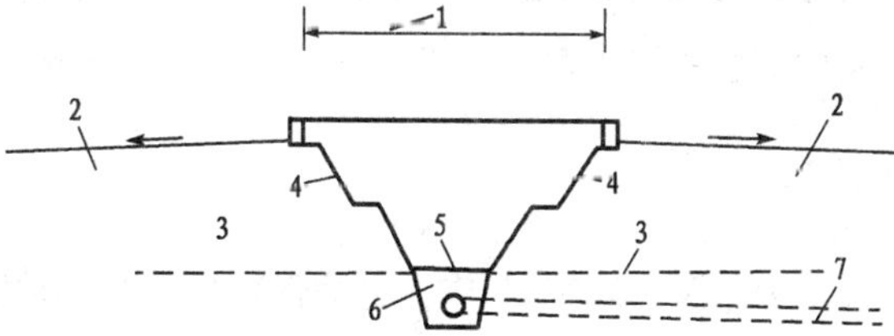

图4.3.5 中央分隔带下设排水渗沟示意

1-中央分隔带;2-路面;3-路床顶面;4-隔渗层;5-反滤织物;6-渗沟;7-横向排水管

本条内容是在原规范4.3.1条、4.3.3条和4.3.5条部分内容基础上经整合、归类修订的。新规范4.3.1条对中央分隔带排水设计提出应符合的要求，取消原规范中有关中央分隔带3m宽度值的划分及相应排水设计要求。

我国高速公路和一级公路路基路面病害的主要诱因是水的渗入，有些公路采用开放式中央分隔带，种植灌木绿化，但未设置完善的防排水设施，降雨入渗后不能及时排除，在中央分隔带内部产生积水，导致路基土含水率过大，在季节性冰冻地区加剧了冻害，造成公路翻浆。因此，中央分隔带防排水设计应引起足够的重视。中央分隔带表面未采用铺面封闭时的防排水系统图如新规范图4.3.1所示。

中央分隔带排水是高速公路及一级公路地表排水的重要内容，应根据分隔带绿化和交通安全设施的形式、分隔带表面的处理方式等因素选择不同的排水方式。本规范将中央分隔带排水分为三种类型：①表面采用铺面封闭的中央分隔带排水，降落在分隔带上的表面水排向两侧行车道；②表面未采用铺面封闭的中央分隔带排水，降落在分隔带上的表面水汇集在带中央的低洼处，由分隔带内的表面排水设施排走；③宽度大于3m的中央分隔带，降落在分隔带上的表面水下渗，由分隔带内的地下排水设施排除。在我国，大多采用较窄的中央分隔带，仅在中间设预留车道时才采用宽的中央分隔带。各地在选用排水设施类型时，并未拘泥于以分隔带宽度限值作为唯一的依据，而是结合地区和工程需要确定，形式是多样的。

4.3.2　中央分隔带排水渗沟宜设置在通信管道之下，渗沟顶面与回填土之间应设置反滤层，渗沟两侧及底部应设置防水层。宜采用管式渗沟，渗沟材料及设计应符合第6章有关规定。横向排水管宜采用直径为100~200mm的塑料管。

本条为新增内容。

4.3.3　降雨量较小、中央分隔带较窄时，中央分隔带可采用表面铺面封闭分散排水。分隔带铺面应采用两侧外倾的横坡，坡度宜与路面横坡度相同，铺面材料可采用沥青处治材料或其他封闭材料，如图4.3.3所示。

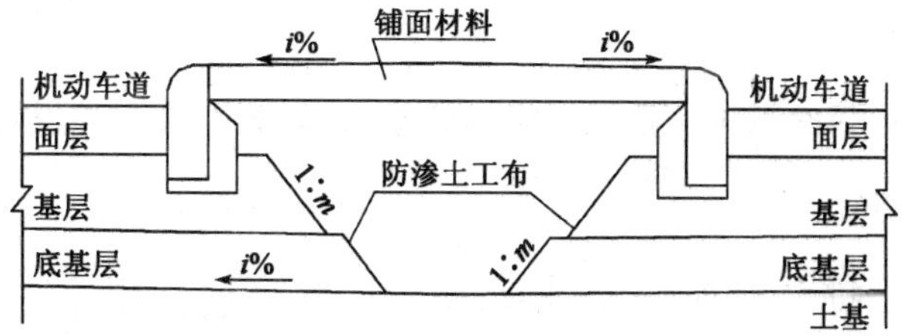

图 4.3.3 设铺面中央分隔带防排水系统示意图

本条为新增内容。

4.3.4 中央分隔带回填土与路面结构之间应设置防水层。

本条为新增内容。

4.4 超高段排水

本节为新增内容，由 6 条组成。

4.4.1 超高段外侧排水，可根据降雨量及路面宽度，采取经内侧路面排除或设置地下排水设施排除的方案，并应符合以下规定：

1 年降水量小于 400mm 的地区，双向四车道公路，可采用在中央分隔带设开口明槽方案，路面水流经内侧路面排除。

2 年降水量大于或等于 400mm 的地区，或车道数超过四车道，外侧路面水宜通过地下排水系统排除。

超高外侧路面表面水通过中央分隔带流经内侧半幅路面排泄时，经济性和结构可靠性都优于地下排水，但对行车会造成一定的影响，各地对影响程度的接受水平也存在差异。我国双向四车道高速公路采用开口明槽方案的，主要集中在西北、内蒙古和东北西北部地区，这些地区使用经验认为，这种排水方法在当地一般降雨时对内侧的行车安全影响不明显，大暴雨时，车辆实际运行速度很低，不会因为表面排水影响安全，多数主张采用表面排水。考虑到这些地区年降水量基本小于 400mm，因此条文允许在年降水量小于 400mm 地区采用表面排水。

4.4.2　超高路段的地下排水系统应由纵向集水沟(管)、集水井、检查井、横向排水管、急流槽等组成。

超高段地下排水系统如图4-1所示。

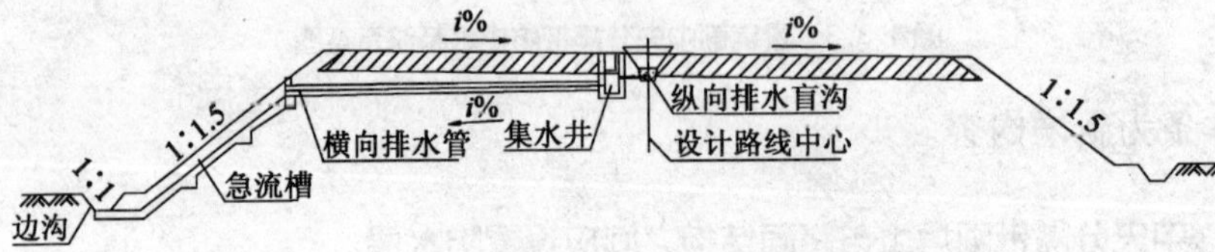

图4-1　超高路段中央分隔带排水系统示意图

4.4.3　纵向集水沟(管)、集水井及检查井等排水设施应在中间带内设置,不得侵入行车道。

4.4.4　纵向集水沟(管)可采用缝隙式集水沟(管)、碟形浅沟或设带孔盖板的矩形沟等形式。沟底纵坡宜与路线纵坡一致,且不应小于0.3%。

本条是在原规范4.3.1条基础上修订的。

4.4.5　集水井的形式、数量和间距应根据超高路段的外侧半幅路面汇水面积、流量及出水口的泄流能力确定。集水井的间距宜为20～50m,纵向集水沟(管)串联集水井的个数不宜超过3个。路线纵坡小于0.3%的路段,可增加集水井数量。

4.4.6　纵向集水沟、集水井及检查井等的盖板材料应采用钢筋混凝土、铸铁或钢筋加强的复合材料,材料强度和盖板厚度应根据设计汽车荷载等级计算确定。

4.5　坡面排水

新规范4.5节较原规范4.4节减少1条。修订后的内容及编排顺序与原规范基本一致。将原规范4.4.15条内容有关蒸发池的规定列入总体要求的3.0.16条中。将原规范4.4.10条和4.4.13条内容合并修订为新规范的

4.5.7条。将原规范4.4.14条的内容拆分修订为2条，分别为新规范的4.5.8条和4.4.10条。将原规范4.1.1条的第1款和第2款结合原规范4.4.4条修订后变成新规范4.5.3条，第3款内容修订后变为新规范4.5.11条。新增了4.5.12条内容。删除了原规范4.4.8条部分内容，删除理由为本次规范的修订指导原则不再对排水设施尺寸做出具体规定。删除条文如下：

4.4.8 截水沟一般采用梯形横断面，沟坡坡度为1:1.0~1:1.5；沟底宽度和沟的深度不宜小于0.5m。地质或土质条件差，有可能产生渗漏或变形时，应采取相应的防护措施。

4.5.1 挖方、低路堤及路界范围地面低于路界外侧地面的填方路段，应在挖方边坡或填方边坡坡脚外设置边沟汇集和排泄降落在坡面和路面上的表面水。

4.4.2 挖方路段及填土高度小于边沟深度的填方路段，应在挖方边坡或填方边坡坡脚外设置边沟，以汇集和排泄降落在坡面和路面上的表面水。

本条是在原规范4.4.2条基础上修订的，文字稍有变动。边沟的用途主要是汇集和排除路面、路肩和边坡坡面上流下的表面水。

4.5.2 边沟横断面形式应根据排水需要以及对路侧安全与环境景观的协调等选定，可采用三角形、浅碟形、梯形或矩形等形式。高速公路、一级公路挖方路段的矩形边沟，在不设护栏的地段，应设置带泄水孔的钢筋混凝土盖板或钢筋加强的复合材料盖板。

4.4.3 边沟可采用三角形、碟形、梯形或矩形横断面，按公路等级、所需排泄的设计流量、设置位置和土质或岩质选定。高速及一级公路，宜采用三角形或碟形边沟；受条件限制而需采用矩形横断面时，应在顶面加带槽孔的混凝土盖板。二级及二级以下公路，可采用梯形横断面，边沟内侧边坡坡度按土质类别采用1:1.0~1:1.5；岩石挖方路段，可采用矩形横断面，其内侧坡面用浆砌片石砌筑以保持直立。矩形和梯形边沟的底宽和深度不应小于0.4m。挖方路段边沟的外侧坡面与路堑下部坡面的坡度一致。

本条是在原规范4.4.3条基础上修订的，删除了“二级及二级以下公路，可采用梯形横断面，边沟内侧边坡坡度按土质类别采用 1∶1.0～1∶1.5；岩石挖方路段，可采用矩形横断面，其内侧坡面用浆砌片石砌筑以保持直立。矩形和梯形边沟的底宽和深度不应小于 0.4m。挖方路段边沟的外侧坡面与路堑下部坡面的坡度一致"的内容。删除理由有二：一是采用的边沟形式与道路等级关系不大；二是不再对边沟尺寸进行具体规定。

以往的设计，各级公路的边沟都习惯采用梯形（土质）和矩形（岩质）横断面。但对于高速公路、一级公路，当行驶车辆偏离出路基时，梯形和矩形边沟容易造成较大的安全事故，因此，从排泄能力、路侧安全性和环境协调等因素综合考虑，宜采用浅三角形或浅碟形横断面；而在流量大，过水断面相应较大时，为减少开挖量，可采用设带槽孔盖板的矩形横断面或者是带暗埋管（沟）的浅碟形边沟。

4.5.3　边沟的纵坡坡度应结合路线纵坡、地形、土质、出水口位置等情况选定，宜与路线纵坡坡度一致，且不宜小于 0.3%，困难情况下，不应小于 0.1%。当路线纵坡坡度小于沟底最小不淤积纵坡坡度时，边沟宜采用沟底最小不淤积纵坡坡度，并缩短边沟出水口的间距。

4.4.4　边沟的纵坡坡度应结合路线纵坡、地形、土质、出水口位置等情况选定，尽可能与路线纵坡坡度保持一致。当路线纵坡坡度小于沟底最小纵坡坡度时，应采用沟底最小纵坡坡度，并缩短边沟出水口的间距。高速及一级公路的土质边沟，均应采用坡面防护措施。

4.4.1　各种坡面排水沟渠的设计，应符合下列要求：

1　沟渠纵坡坡度和出水口间距的设计，应使沟内水流的流速不超过最大允许流速；超过时应对沟壁采取冲刷防护措施。

2　沟底纵坡坡度一般不宜小于 0.5%。土质沟渠的最小纵坡为 0.25%；沟壁铺砌的沟渠的最小纵坡为 0.12%。

本条是在原规范 4.4.1 条第 1 款、第 2 款和 4.4.4 条基础上修订的。边沟纵坡坡度通常与路线纵坡坡度相同或相近。设计时，纵坡坡度、出水口位置和沟壁的允许流速或冲刷防护，三者是综合在一起考虑的，相互协调一致。在土层中开挖的沟渠，其纵向坡度在0.3%～0.8%范围内是最适宜于排水的不淤积不冲刷坡度。因而，条文规定了一般情况下不宜小于0.3%，工程困难地段可采用0.1%。考虑到与现行相关规范的统一、施工难易程度及工程造价等因素，将沟底纵坡坡度进行了修改。

4.5.4 边沟出水口的间距，应结合地形、地质条件以及桥涵和天然沟渠位置，经水力计算确定。梯形、矩形边沟不宜超过500m，多雨地区不宜超过300m；三角形和碟形边沟不宜超过200m。

4.4.5 边沟出水口的间距，一般地区不宜超过500m，多雨地区不宜超过300m，三角形和碟形边沟不宜超过200m。边沟出口水的排放应结合地形、地质条件以及桥涵水道位置，排引到路基范围外，使之不冲刷路堤坡脚。

本条是在原规范4.4.5条基础上修订的，文字稍有变动。

4.5.5 挖方路段或斜坡路堤上方流入路界的地表径流量大时，应设置拦截地表径流的截水沟。深路堑或高路堤坡面径流量大时，可在边坡中部设置平台排水沟，减少坡面冲刷。

4.4.6 当路堑或路堤边坡上方流入路界的地表径流量大时，应设置拦截地表径流的截水沟。在坡面汇流长度大的山坡上，应酌情设置一道以上大致平行的截水沟。在坡体稳定性较差或有可能形成滑坡的路段，应在滑坡体的周界外设置截水沟。

本条是在原规范4.4.6条基础上修订的。因新规范增加了8.5节滑坡路段排水设计内容，所以删除了原规范"在坡体稳定性较差或有可能形成滑坡的路段，应在滑坡体的周界外设置截水沟"的规定。

截水沟用于拦截和排除路基上方自然斜坡的地表径流，防止水流冲刷和侵蚀挖方边坡和路堤坡脚。但在一些建成路段上，常出现因截水沟设置不合理而未发挥作用，该设但未设置而造成坡面冲刷等现象。

4.5.6 截水沟应结合地形和地质条件设置，宜布设在路堑坡顶5m或路堤坡脚2m以外，可采用梯形或矩形断面。截水沟长度超过500m时，宜在中间适宜位置处增设泄水口，通过急流槽(管)分流引排，泄水口间距以200～500m为宜。当截水沟或急流槽对行车产生视觉冲突或影响路域环境景观时，可利用地势或采用灌木遮蔽。

4.4.7 截水沟设在路堑坡顶5m或路堤坡脚2m以外，如土质良好、路堑边坡不高或沟壁进行铺砌时，前者也可不小于2m。截水沟应结合地形和地质条件沿等高线布置，将拦截的水顺畅地排向自然沟谷或水道。截水沟长度以200～500m为宜。超过500m时，可在中间适宜位置处增设泄水口，由急流槽或急流管分流排引。

4.4.8 截水沟一般采用梯形横断面，沟坡坡度为1:1.0～1:1.5；沟底宽度和沟的深度不宜小于0.5m。地质或土质条件差，有可能产生渗漏或变形时，应采取相应的防护措施。

本条是在原规范4.4.7和4.4.8条基础上修订的。增加了截水沟设计与周围景观环境协调的要求，补充了“当截水沟或急流槽对行车产生视觉冲突或影响路域环境景观时，可利用地势或采用灌木遮蔽”的规定。删除了原规范4.4.8条中“沟坡坡度为1:1.0～1:1.5；沟底宽度和沟的深度不宜小于0.5m。地质或土质条件差，有可能产生渗漏或变形时，应采取相应的防护措施”的内容。本次规范修订的指导原则不再对排水设施尺寸进行具体规定。

设计前应进行实地调查，了解地形、地质、水文、植被等条件，对截水沟的适宜位置和排水出口的引伸范围作出合理的布局。一般挖方路基的堑顶截水沟应设置在坡口5m以外，并结合地形设计；腹地形填方路基上侧的路堤截水沟距填方坡脚应不小于2m。

4.5.7 在路堤和路堑坡面或者坡面平台上向下竖向集中排水时，宜设置急流槽(管)；边沟、截水沟、排水沟纵坡很大时，可设置急流槽(管)减小纵坡。急流槽(管)的进水口与沟渠泄水口之间宜采用喇叭口形式连接，并作铺砌处理，出水口处应设消能设施。急流槽底面宜设置防滑平台或凸榫。

4.4.10 在路堤和路堑坡面或者坡面平台上从坡顶向下竖向集中排水时，或者在截水沟或排水沟纵坡度很大时，可设置急流槽或急流管。

4.4.13 急流槽或急流管的进水口同沟渠泄水口之间做成喇叭口式联结。变宽段应有至少15cm的下凹，并作铺砌防护。急流槽或急流管的出水口处应设置消能设施，可采用混凝土或石块铺筑的消力坪或消力池。

本条是在原规范4.4.10和4.4.13条基础上修订的，文字稍有变动。急流槽（管）和跌水主要用于陡坡地段的竖向排水，以减缓流速或达到水流的消能目的。

4.5.8 陡坡或沟谷地段的排水沟，宜设置跌水等消能结构物，避免其出口下游的桥涵、自然水道或农田受到冲刷。

4.4.14 在陡坡或深沟地段的排水沟，为避免其出口下游的桥涵结构物、自然水道或农田受到冲刷，可设置跌水结构物。跌水可带消力池，也可不带消力池，并按坡度和坡长的不同，设置成单级或多级。不带消力池的跌水，其台阶高度一般不应大于0.5~0.6m，以0.3~0.4m最为适宜；高度和长度之比，应与原地面坡度相吻合。带消力池的跌水，单级跌水墙的高度以1m左右为宜，消力槛的高度以0.5m左右为宜，消力槛与跌水墙的距离以5m左右为宜，但高度与长度之比也应结合原地面的坡度确定。消力池台面应设2%~3%的外倾纵坡，消力槛顶宽不宜小于0.4m，槛底应设泄水孔。跌水的槽身横断面可采用矩形，断面尺寸和要求与急流槽相同。

本条是原规范4.4.14条第一句话内容，文字稍有变动。

4.5.9 急流槽可采用矩形断面等形式，槽深不应小于0.2m，槽底宽度不应小于0.25m。采用浆砌片石时，矩形断面槽底厚度不应小于0.2m，槽壁厚度不应小于0.3m。

4.4.11 急流槽可采用由浆砌片石铺砌的矩形横断面或者由水泥混凝土预制件铺筑的矩形横断面。浆砌片石急流槽的槽底厚度可为0.2~0.4m，槽壁厚0.3~0.4m。混凝土急流槽的厚度可为0.2~0.3m。槽顶应与两侧斜坡表面齐平。槽深最小20cm,槽底宽最小25cm。槽底每隔2.5~5.0m应设置一个凸榫,嵌入坡体内0.3~0.5m,以避免槽体顺坡下滑。

本条是在原规范4.4.11条基础上修订的。对急流槽设计尺寸提出了明确的限定值,增加了设计的灵活性。删除了原规范中"槽底每隔2.5~5.0m应设置一个凸榫,嵌入坡体内0.3~0.5m,以避免槽体顺坡下滑"的内容。

4.5.10 跌水槽横断面可采用矩形断面,断面尺寸要求与急流槽相同。对不设消力池的跌水,台阶高度与长度之比应与原地面坡度相吻合,且台阶高度不宜大于0.6m;带消力池的跌水的高度与长度之比也应结合原地面的坡度确定,单级跌水墙的高度不宜小于1.0m,消力槛高度不宜小于0.5m,消力槛与跌水墙的距离不宜小于5m。

本条是在原规范4.4.14条基础上修订的。对跌水设计尺寸提出了明确的限定值,增加了设计的灵活性。删除了原规范中"消力池台面应设2%~3%的外倾纵坡,消力槛顶宽不宜小于0.4m,槛底应设泄水孔"的内容。

4.5.11 边沟、截水沟、排水沟、急流槽等的横断面尺寸应根据设计流量、沟底纵坡、沟壁材料、出水口间距,按第9章的规定计算确定。沟槽顶面高度应高出设计水位不小于0.1m。

4.4.1 各种坡面排水沟渠的设计,应符合下列要求:

3 沟槽的顶面高度应高出设计水位0.1~0.2m。

本条是在原规范4.4.1条第1、3款基础上修订的。坡面排水主要由各种横断面形状和尺寸的沟渠(槽)组成,各种沟管设计的主要内容为,确定布设位置、横断面形状和尺寸以及纵向坡度等。布设位置要结合沟管的功能要求、出水口和地形进行。横断面的形状和尺寸则取决于设计流量的大小,可按第9章中的方法计算确定。

4.5.12 沟壁材料的抗冲刷能力应与沟内水流速度相适应。

4.4.1 各种坡面排水沟渠的设计,应符合下列要求:

1 沟渠纵坡坡度和出水口间距的设计,应使沟内水流的流速不超过最大允许流速，超过时应对沟壁采取冲刷防护措施。

本条是在原规范4.4.1条第1款基础上修订的。强调了排水沟的设计应与沟内水流流速及沟壁材料抗冲刷能力等综合考虑。

4.5.13 设置在土质、软质岩、全风化及强风化硬质岩石地段的边沟、截水沟、排水沟，应采取防渗处理措施。

本条为新增内容。

4.5.14 地形平缓无固定沟槽的山前冲积扇、戈壁滩、草原及其他漫流地区，应按分片泄洪的原则在桥涵上下游地段设置必要的导流设施。桥涵进水口上方的坡面宜设置人字形导流堤，长度不宜小于30m；桥涵出水口下方的坡面可设置导流堤或扇形铺砌，长度不宜小于20m。导流堤应与桥涵相衔接。

本条为新增内容。

5 路面内部排水

通过调查和经验总结,世界各地逐渐认识到了路面内部排水的重要性。路面内部排水是公路排水设计不可或缺的组成部分。本次规范修订,细化了路面内部排水设计的内容和规定,增加了排水垫层一节。本章由5.1节一般规定、5.2节路面边缘排水系统、5.3节排水基层和5.4节排水垫层组成。

新规范与原规范均为17条。5.2节较原规范增加1条,5.3节较原规范减少3条,5.4节排水垫层为新增节。新规范5.1.3条用3款对路面内部排水设计进行了规定,新规范5.3.2条用4款对排水基层材料进行了规定。

5.1 一般规定

本节将原规范5.1.3条第2款内容经修订后并入5.3.4条中,将原规范5.1.5条内容经修改后作为5.2.3条。

5.1.1 路面内部排水系统可由路面边缘排水系统、排水基层或排水垫层单独或组合构成。

本条为新增内容。新建路面需设置各种接缝,而路面在使用期间又会出现各种裂缝、松散、坑槽等病害。降落在路面表面的水,会通过路面接缝或裂缝、松散等病害处或者面层孔隙下渗到路面结构内部。此外,道路两侧有滞水时,水也有可能侧向渗入路面结构内部。被围封在路面结构内的自由水,会浸湿各结构层材料和路基土,使其强度下降,变形增加,从而使路面结构的承载力降低,使用寿命缩短。更为严重的是,由于路面是层状结构,层间结合处易于出现空隙,进入空隙内的自由水在行车荷载的作用下,会成为高孔隙水压力和高流速的水流,冲刷层面材料并从缝隙处向外喷射出“泥浆”(唧泥),促使沥青面层出现剥落和松散，水泥混凝土面层出现错台和板底脱空等病害，从而使整个路面结构的使用性能迅速变坏。采用路面结构内部排水系统可有效防止或消除由于上述情形所引起的路面结构破坏，故作了规定。

5.1.2 遇有下列情况之一时，宜设置路面内部排水系统：

1 年降水量为600mm以上的湿润多雨地区，路床由渗透系数不大于10^{-4}mm/s的细粒土填筑的高速、一级或重要的二级公路。

2 路基两侧有滞水，可能渗入路面结构内。

3 重冰冻地区，路床为粉性土的潮湿路段。

4 现有公路路面改建或路基改善工程，需排除积滞在路面结构内的水。

5.1.2 遇有下列情况时，宜设置路面内部排水系统：

1 年降水量为600mm以上的湿润和多雨地区，路基由透水性差的细粒土（渗透系数≤10^{-5}cm/s）组成的高速、一级或重要的二级公路。

2 路基两侧有滞水，可能渗入路面结构内。

3 严重冰冻地区，路基为由粉性土组成的潮湿路段。

4 现有路面改建或改善工程，需排除积滞在路面结构内的水分。

本条是在原规范5.1.2条基础上修订的，文字稍有变动。路面结构内的积滞水如不能迅速排除，会对路面性能产生不利影响。影响路面内自由水积滞及排除的条件包括降水、两侧滞水、路基冻融水和旧路面结构内的滞留水及路基土的透水性等。据此，对设置路面内部排水系统的条件作出了规定。

5.1.3 路面内部排水设计应符合以下规定：

1 路面内部排水系统中各种排水设施的设计排泄量均应不小于路面表面水渗入量的2倍，下游排水设施的泄水能力应超过上游排水设施的泄水能力。

2 排水设施应能避免被渗流从路面结构、路基或路肩中带来的细颗粒堵塞。

3 系统的排水功能不应随时间很快降低。

5.1.3 路面内部排水系统设计应符合下列要求：

1 路面内部排水系统中各项排水设施的泄水能力均应大于渗入路面结

构内的水量，且下游排水设施的泄水能力应超过上游排水设施的泄水能力。

2　渗入水在路面结构内的最大渗流时间，冰冻地区不应超过1h，其他地区不应超过2（重交通时）~4h（轻交通时）。渗入水在路面结构内的渗流路径长度不宜超过45~60m。

3　各项排水设施不应被渗流从路面结构、路基或路肩中带来的细料堵塞，以保证系统的排水效率不随时间而很快丧失。

本条是在原规范5.1.3条基础上修订的。第1款对设计排泄量进行了明确的规定，删除了原规范中的第3款内容，将其列入5.3.4条中。

路面结构内部排水系统的设计要考虑满足以下使用要求。第一方面是各项设施应具有足够的泄水能力，排除渗入路面结构内的自由水。并且，由于渗入量的估计和透水材料渗透系数的测定精度较低；行车道路面表面水的渗入率是在基层不透水的情形下获得的，较设置了排水基层时获得的渗入率值偏小。所以，设计设施的泄水能力应留有较大的安全度，通常设计泄水量可按路面结构渗入量的2倍考虑。第二方面使用要求考虑的是排水设施的耐久性。各项排水设施很容易被流水带来的细粒逐渐堵塞，从而使用不久便丧失排水功能。为此，各项设施的设计应考虑采取反滤措施以防止细粒随流水渗入；同时，所设计的设施要便于进行经常性的检查和清扫或疏通。

5.1.4　路表面渗入路面结构的水量大，仅设置路面边缘排水系统难以迅速排除时，可在面层下设置排水基层。地下水丰富的低填和挖方路段的路基顶面应设置排水垫层。

5.1.5　行车道路面表面水渗入路面结构的量，可按路面类型分别由下列公式计算确定：

水泥混凝土路面

$$Q_p = K_c\left(n_z + n_h \frac{B}{L_c}\right) \tag{5.1.5-1}$$

沥青路面

$$Q_p = K_a B \tag{5.1.5-2}$$

式中：Q_p——纵向每延米行车道路面表面水渗入量[$m^3/(d \cdot m)$]；

K_c——每延米水泥混凝土路面接缝或裂缝的表面水设计渗入率[$m^3/(d \cdot m)$]，

可取为 $0.36m^3/(d \cdot m)$；

K_a——每平方米沥青路面的表面水设计渗入率[$m^3/(d \cdot m^2)$]，可取为 $0.15m^3/(d \cdot m^2)$；

B——单向坡度路面的宽度(m)；

L_c——水泥混凝土路面的横缝间距(即板长)(m)；

n_z——B 范围内纵向接缝的条数(包括路面与路肩之间的接缝)；对不设置中央分隔带的双向横坡路段，公路路脊处的接缝(全幅中间接缝)按 0.5 条计；对设置中央分隔带的非超高路段，路面与中央分隔带间的接缝按 1 条计；

n_h——L_c 范围内横向接缝和裂缝的条数。

5.1.4 表面水渗入路面结构的量，按路面类型分别由下列公式计算确定：

水泥混凝土路面
$$Q_i = I_c\left(n_z + n_h \frac{B}{L}\right) \tag{5.1.4-1}$$

沥青路面
$$Q_i = I_a B \tag{5.1.4-2}$$

式中：Q_i——纵向每延米路面结构的渗入量[$m^3/(d \cdot m)$]；

I_c——表面水对每延米水泥混凝土路面接缝或裂缝的设计渗入率[$m^3/(d \cdot m)$]，可按 $0.36m^3/(d \cdot m)$ 取用；

I_a——表面水对每平方米沥青路面的设计渗入率[$m^3/(d \cdot m^2)$]，可按 $0.15m^3/(d \cdot m^2)$ 取用；

B——单向坡度路面的宽度(m)；

L——水泥混凝土路面的横缝间距(即板长)(m)；

n_z——B 范围内纵向接缝和裂缝的条数(包括路面与路肩之间的接缝)；

n_h——L 范围内横向接缝和裂缝的条数。

本条内容与原规范 5.1.4 条基本相同。

路面存在各种接缝，使用过程中会出现裂缝；面层混合料不同程度地带有空隙，使用过程中会出现松散。降落在路面上的水，一部分通过横坡和纵坡流向路肩和路基外，总有一部分会沿缝隙和空隙渗入路面结构内。行车道路面表面水的渗入量同许多因素有关：①接缝和裂缝的缝隙宽度以及缝隙被填塞的程度,它们影响到接缝或裂缝的携水能力;②出现接缝和裂缝的数量以及各条接缝或裂缝的汇水面积;③基层的透水性,基层混合料的渗透系数越大路面水渗入量也越大;④降水的强度和历时。为了弄清究竟有多少表面水渗入路面结构内,以及上述因素对渗入量的影响程度,曾进行过表面水渗入路面的试验测定。

一种试验测定方案是在路肩处设置出水口,量测渗入路面结构内的自由水向外排流的量,并以占降水量的百分率表示。美国联邦公路局设计指南依据经验和试验结果提出的设计建议值为,表面水的设计渗入率取设计降雨强度的0.33~0.50(沥青混凝土路面)或0.5~0.67(水泥混凝土路面);而对设计降雨强度,指南建议采用一年一遇历时1h的降雨强度值。而美国 Hagen 等的试验测定结果比上述规定小,表面水渗入量平均可达降水量的25%~40%,其渗入量仍很可观。

另一种试验测定方案是直接在旧路面上的接缝和裂缝处测量表面水的渗入量。美国 Ridgeway 的测定结果为,对于沥青混凝土路面,水通过裂缝或接缝的渗入率大约变化在1.86~920cm^3/(h·cm)范围内,平均约为100cm^3/(h·cm);对于水泥混凝土路面,水通过接缝和裂缝的渗入率大约变化在0~74cm^3/(h·m)范围内,平均约为34cm^3/(h·cm)。依据这一试验结果,建议采用100cm^3/(h·cm)的渗入率计算表面水的渗入量。这一建议值已被美国 AASHTO 的路面结构设计指南(1986)采纳作为表面水的设计渗入率。

1996年,同济大学在上海的旧沥青混凝土路面和水泥混凝土路面上进行了表面水渗入率的试验测定。两种面层下的基层均为透水性小的二灰碎石。由测定的数值可知,对于沥青混凝土路面,不同类型和状况的裂缝的表面水渗入率变化在0~1 250cm^3/(h·cm·缝)范围内,平均为371cm^3/(h·cm·缝),龟裂的表面水渗入率变化在0~3cm^3/(h·cm^2)范围内;而对于水泥混凝土路面,不同类型和状况的缝的表面水渗入率变化在0~1 800cm^3/(h·cm·缝)范围内,平均为397cm^3/(h·cm·缝)。上述结果同 Ridgeway 的结果相对比,其变化范围和平均值都大于后者,这与所调查路段的裂缝、接缝状况不同有关。而 Ridgeway 所推荐的表面水设计渗入率相当于上海所调查路面处于轻微级裂缝、轻微级填缝料损坏或者轻～中等龟裂的状况。表面水设计渗入率选用的数值偏大，将使路面内部排水设施所需的泄水能力增加，也将使设施的构造尺寸增大。而路面出现轻微级损坏状况，则是需考虑设置内部排水设施的低限。对于高等级路面来说，出现中等程度的开裂损坏时，就应及时采取养护措施予以修复。而出现严重损坏时，路面已到达使用寿命的后期，按这种损坏状况确定表面水设计渗入率，将使内部排水设施的尺寸定得过大而很不经济。综合上述考虑，提出了条文中所建议的设计渗入率：对于存在接缝和裂缝的水泥混凝土，按 $150cm^3/(h \cdot cm \cdot 缝)$[$0.36m^3/(d \cdot m)$]；对于面层透水或存在龟裂的沥青路面，按 $0.625cm^3/(h \cdot cm^2)$[$0.15m^3/(d \cdot m^2)$]取用。

n_z 为单向坡度路面宽度范围内纵向接缝和裂缝的条数（包括路面与路肩之间的接缝）。对不设置中央分隔带的非超高路段，公路中间接缝（左右车道中间接缝）需按半缝（即按 0.5 条）计算。对设置中央分隔带的非超高路段，路面与中央分隔带间的接缝按 1 条缝计算。

【示例 1】 广东湛江地区某一级公路，水泥混凝土路面，拟采用路面边缘排水系统。请进行行车道路面表面水渗入量计算。

一级公路为单向双车道路面，宽 7.5m，共有纵向缝 3 条（2 条纵向接缝，1 条同路肩相接接缝）。设横向接缝间距 5m，路面无纵向和横向裂缝。取表面水对每延米水泥混凝土路面接缝的设计渗入率 $K_c = 0.36m^3/(d \cdot m)$，广东湛江地区年降水量大于 1 000mm，安全系数取 3，则纵向每延米水泥混凝土路面的行车道路面表面水渗入量为：

$$Q_p = K_c\left(n_z + n_h\frac{B}{L_c}\right) = 3 \times 0.36\ (2.5 + 1 \times 7.5/5)$$

$$= 4.32m^3/(d \cdot m) = 0.000\,05m^3/(s \cdot m)$$

【示例 2】 广东湛江地区某高速公路，沥青混凝土路面，拟采用排水基层。请计算行车道路面表面水渗入量。

单向行车道路面宽 7.5m，排水基层的上侧边缘超出路面边缘 0.5m，下侧边缘超出路面边缘1m，其总宽度为9m。取表面水的设计渗入率 $K_a=0.15\ m^3/(d\cdot m^2)$，广东湛江地区年降水量大于1 000mm，安全系数取3，则纵向每延米沥青路面的行车道路面表面水渗入量为：

$$Q_p = K_a B = 3\times0.15\times9 = 4.05\ m^3/(d\cdot m) = 0.000\,046\,9 m^3/(s\cdot m)$$

5.2 路面边缘排水系统

本节内容与原规范基本一致，不同的是新规范将原规范5.2.2条拆分成两条进行规定，即5.2.4条和5.2.5条。这样使排水基层的纵向排水管设计更加清晰和明确。

5.2.1 路面边缘排水系统应沿路面结构外侧边缘设置，宜由透水性填料集水沟、纵向排水管、横向出水管和过滤织物等组成，如图5.2.1所示。

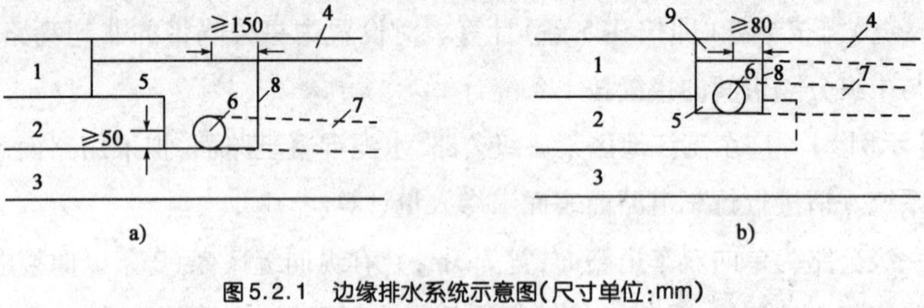

图5.2.1 边缘排水系统示意图（尺寸单位：mm）
a）新建路面；b）旧路面新增
1-面层；2-基层；3-垫层；4-路肩面层；5-集水沟；6-排水管；7-出水管；8-反滤织物；9-回填路肩面层

5.2.1 沿路面边缘设置由透水性填料集水沟、纵向排水管、横向出水管和过滤织物（土工布）组成边缘排水系统（图5.2.1）。（原规范图5.2.1与新规范一致，此处从略。）

本条是在原规范5.2.1条基础上修订的，文字稍有变动。

边缘排水系统是将渗入路面结构内的自由水，先沿路面结构层的层间空隙或某一透水层次横向排入纵向集水沟和排水管，再由横向出水管引排出路基。这种方案特别适用于改善排水状况不良的旧水泥混凝土路面。水泥混凝土面层板的边缘和角隅处,由于温度和湿度梯度引起的翘曲变形作用以及地基的沉降变形,常出现板底面同基层顶面的脱空。下渗的路表水易积聚在这些脱空区内,促使唧泥和错台等损坏的出现。设置路面边缘排水系统,便于将面层—基层—路肩界面处积滞的自由水排离路面结构。而对于排水状况不良的旧水泥混凝土路面,采用路面边缘排水设施方案,可以在不改变原路面结构的情况下改善其排水状况,从而提高原路面的使用性能和使用寿命。然而,自由水在路面结构层内沿层间渗流的速率要比向下渗流的速率慢许多倍,并且部分自由水仍有可能被阻封在路面结构内,因而,边缘排水系统的渗流时间较长,路面结构处于潮湿状态的时间要比排水层排水系统长许多。

5.2.2 集水沟的断面尺寸应根据透水材料的渗透系数和设计泄水能力需要确定。集水沟底面的最小宽度,对于新建路面,不宜小于 0.3m;对于旧路面新增边缘排水系统,应能保证排水管两侧各有至少 0.1m 宽的透水填料。透水填料底面和外侧应铺反滤织物。

5.2.5 集水沟底面的最小宽度,新建路面时,不小于30cm;改建路面时,应能保证排水管两侧各有至少5cm宽的透水填料。透水填料的底面和外侧围以反滤织物(土工布),以防垫、基层和路肩内的细粒侵入而堵塞填料空隙或管孔。反滤织物可选用由聚酯类、尼龙或聚丙烯材料制成的无纺织物,能透水,但细粒土不能随水一起透过。

本条是在原规范 5.2.5 条基础上修订的。补充了集水沟的尺寸设计及透水材料选择需考虑的因素,修订后更加合理和完善。删除了原规范有关反滤织物材料:“反滤织物可选用由聚酯类、尼龙或聚丙烯材料制成的无纺织物,能透水,但细粒土不能随水一起透过”的规定内容。

纵向集水沟内也可不设排水管,完全由透水性填料排除渗入路面结构内的自由水。但集水沟的断面和透水材料的渗透系数必须足够大,以满足排泄设计渗入量的要求。集水沟底面的最小宽度,新建路面时,不小于 0.3m;改建路面时,应能保证排水管两侧各有至少 0.1m 宽的透水填料。反滤织物可选用由聚酯类、尼龙或聚丙烯材料制成的无纺织物，能透水，但细粒土不能随水一起透过。

5.2.3　透水性填料宜采用水泥处治开级配碎石，其空隙率宜为15%～20%。粗集料最大粒径不应大于31.5mm，粒径4.75mm以下的细粒含量不应超过16%，2.36mm以下的细粒含量不应超过6%。集料在通过率为15%时的粒径应为排水管槽口宽或孔口直径的1.0～1.2倍。水泥处治集料的配合比，应按透水性要求和施工要求通过试配确定，水泥同集料的比例可为1:6～1:10，水灰比可为0.35～0.47。

5.2.4　透水性填料由水泥处治开级配粗集料组成，其孔隙率约为15%～20%。粗集料最大粒径不大于40mm，粒径4.75mm以下的细粒含量不超过16%，2.36mm以下的细粒含量不超过6%。为避免带孔排水管被堵塞，透水性填料在通过率为85%时的粒径应比排水管槽口宽或孔口直径大1.2～1.0倍。水泥处治集料的配合比，按透水性要求和施工要求通过试配确定。

本条是在原规范5.2.4条基础上修订的。补充了“水泥同集料的比例可为1:6～1:10，水灰比可为0.35～0.47”的内容，使设计更具可操作性。由于集水沟宽度较小，集料压实困难，而集水沟又位于靠近路面边缘的路肩面层下，承受车轮荷载的几率较高，如采用松散集料，易引起变形，造成路肩的过早损坏，因此，推荐采用水泥处治材料，降低破坏发生的可能性。规定集料粒径的目的是避免带孔排水管被堵塞。

5.2.4　纵向带孔排水管管径应按设计流量根据水力计算确定，宜在70～150mm范围内选用。管材强度及埋设深度应保证不被车辆或施工机械压坏。新建路面时，排水管管底宜与基层底面齐平；旧路面新增边缘排水系统时，管中心应低于基层顶面。排水管的纵坡宜与路线纵坡相同，且不宜小于0.3%。

5.2.2　纵向排水管通常选用聚氯乙烯(PVC)或聚乙烯(PE)塑料管。排水管设3排槽口或孔口，其开口总面积不少于42cm^2/延米。管径按设计流量由水力计算确定，通常在70～150mm范围内选用。排水管的埋设深度，应保证不被车辆或施工机械压裂，并应超过当地的冰冻深度。在非冰冻地区，新建路面时，排水管管底通常与基层底面齐平；改建路面时，管中心应低于基层顶面。排水管的纵向坡度宜与路线纵坡相同，但不得小于0.25%。

本条是在原规范5.2.2条第二句内容的基础上修订的，删除了第一句话内容，将其作为单独一条。为了规范规定的一致性，将"排水管的纵向坡度宜与路线纵坡相同，但不得小于0.25%"修改为不宜小于0.3%。

5.2.5 纵向排水管宜选用聚氯乙烯(PVC)或聚乙烯(PE)塑料管，每延米排水管的开口总面积不宜小于4 200mm²。宜设3排槽口或孔口，沿管周边等间隔(120°)排列。设槽口时，槽口的宽度可为1.3mm，长度可为15mm；设孔口时，孔的直径可为5mm。

本条是在原规范5.2.2条第一句内容的基础上修订的，并将原规范5.2.2条的条文说明内容纳入到了本条文中，使纵向排水管设计更具可操作性。

5.2.6 横向出水管管径应不小于纵向排水管管径，其间距和安设位置应根据水力计算，并结合邻近地面高程和公路纵横断面情况确定，横向坡度不宜小于5%。除了起端和终端外，中间段的出水管宜采用双管的布置方案；出水管与排水管之间应采用圆弧形承口管联结，圆弧半径不宜小于300mm，如图5.2.6所示。埋设出水管应采用反开槽法，并用低透水材料回填。出水管的外露端头应采取用镀锌铁丝

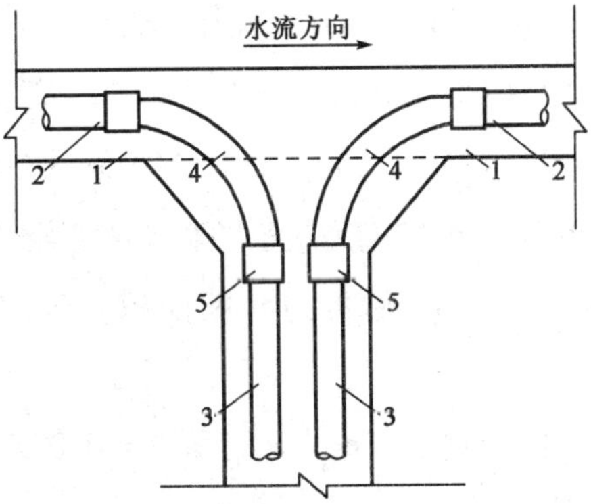

图5.2.6 边缘排水系统出水管布置示意图

1-集水沟；2-排水管；3-出水管；4-半径不小于300mm的弯管；5-承口管

网或格栅罩住等措施；出水口的下方应采取铺设水泥混凝土防冲刷垫板或者对泄水道的坡面进行浆砌片石防护等措施，防止冲刷路基边坡。出水水流应引排至排水沟或涵洞内。

5.2.3 横向出水管选用不带槽或孔的聚氯乙烯或聚乙烯塑料管，管径与排水管相同。其间距和安设位置由水力计算，并考虑邻近地面高程和公路纵横断面情况确定，一般在 50 ~ 100m 范围内选用。出水管的横向坡度不宜小于 5%。埋设出水管所开挖的沟，须用低透水材料回填。出水管的外露端头用镀锌铁丝网或格栅罩住。出水口的下方应铺设水泥混凝土防冲刷垫板或者对泄水道的坡面进行浆砌片石防护，以防止冲刷路基边坡和生长植物。出水水流应尽可能排引至排水沟或涵洞内。

本条是在原规范 5.2.3 条及其条文说明的基础上修订的。排水管管径和出水管间距是影响系统泄水能力的两个主要变量，设计时二者应结合在一起考虑。同时，排水管和出水管的管径不宜过小，出水管的间距不宜过长，以免管内堵塞和便于疏通。因此，对管径和出水管间距作出了规定。

【示例 3】 接示例 1，该段路线的设计纵坡为 1%。请按行车道路面表面水设计渗入量进行边缘排水沟管设计。

设出水管间距取为 50m 或 100m，则集水沟需要排泄的表面水渗入量相应为：

$$Q_{50} = 50 \times Q_{\mathrm{p}} = 50 \times 0.000\,05 = 0.002\,5\mathrm{m}^3/\mathrm{s}$$

$$Q_{100} = 100 \times Q_{\mathrm{p}} = 100 \times 0.000\,05 = 0.005\mathrm{m}^3/\mathrm{s}$$

对于出水管间距取为 50m 的布置，选取排水管管径 $d = 0.08\mathrm{m}$。则其水力半径 $R = d/4 = 0.08/4 = 0.02\mathrm{m}$。管的过水断面积 $A = \pi d^2/4 = \pi \times 0.08^2/4 = 0.005\mathrm{m}^2$。

按满宁公式计算管内流速，$v = n^{-1} \times R^{\frac{2}{3}} \times i^{\frac{1}{2}} = 0.013^{-1} \times 0.02^{\frac{2}{3}} \times 0.01^{\frac{1}{2}} = 0.567\mathrm{m/s}$。

排水管泄水量为 $Q_0 = vA = 0.567 \times 0.005 = 0.002\,84\mathrm{m}^3/\mathrm{s} > Q_{50}(=0.002\,5\mathrm{m}^3/\mathrm{s})$。

对于出水管间距取为 100m 的布置，选取排水管管径 $d = 0.10\mathrm{m}$。其水力

半径 $R=0.10/4=0.025\text{m}$。管的过水断面积 $A=\pi\times\frac{0.01}{4}=0.00785\text{m}^2$。

管内流速为 $v=0.013^{-1}\times0.0252^{\frac{2}{3}}\times0.01^{\frac{1}{2}}=0.658\text{m/s}$。

排水管泄水量为 $Q_0=0.658\times0.00785=0.0052\text{m}^3/\text{s}>Q_{100}(=0.005)$。

因此,出水管间距为 50m 时,排水管和出水管的管径可选用 0.08m;而出水管间距为 100m 时,管径可选 0.1m。

集水沟的最小宽度 $B_g=2\times50+80=180\text{mm}$ 或 $B_g=2\times50+100=200\text{mm}$。为便于施工,取集水沟宽度为 0.3m。集水沟宽度已定时,则沟内透水性回填料的渗透系数应不小于由下式确定的数值:

$$Q_0=k_g i_g B_g \qquad (i_g\text{ 为水力坡降,可取为 }5\%)$$

$$k_g=20\times4.32/0.3=288\text{m/d}$$

5.3 排水基层

本节对排水基层设计进行了规定,删除了原规范 5.3 节 5.3.6 条和 5.3.7 条有关排水垫层设计内容,将其单独作为一节进行了规定。新规范 5.3 节共有 4 条,较原规范 5.3 节减少 3 条,新规范 5.3.2 条采用 4 款对排水基层材料进行了规定。

5.3.1 透水性排水基层应直接设置在面层下,排水基层下应设置不透水层阻截自由水的下渗。排水基层可采用横贯路基整个宽度的形式,也可采用在排水基层边缘设置边缘排水系统的形式。边缘排水系统的设置应符合 5.2 节的规定。

5.3.1 直接在面层下设置透水性排水基层,在其边缘设置纵向集水沟和排水管以及横向出水管等,组成排水基层排水系统(图 5.3.1)。

5.3.4 纵向集水沟可设在面层边缘外侧、路肩下或路肩边缘外侧(图 5.3.1)。集水沟中的填料采用与排水基层相同的透水性材料。集水沟的下部设置带槽口或圆孔的纵向排水管,并间隔适当距离设置不带槽孔的横向出水管。

集水沟、排水管和出水管的尺寸和布设要求,按本规范 5.2.2 条~5.2.5

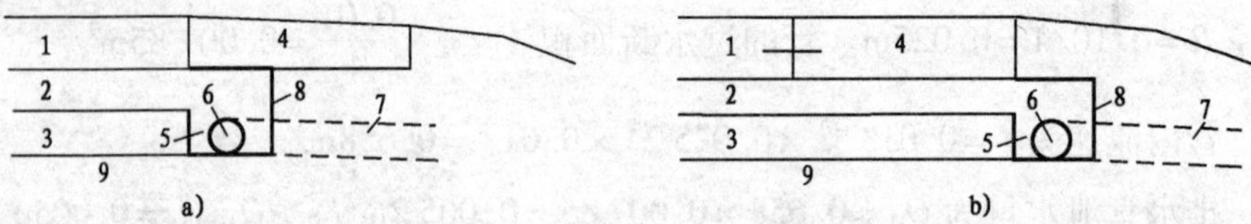

图 5.3.1　排水基层排水系统

1-面层;2-排水基层;3-不透水垫层;4-路肩面层或水泥混凝土路肩面层;5-集水沟;6-排水管;7-出水管;8-反滤织物;9-路基

条的规定采用。

5.3.5　排水基层的下卧垫层应选用不透水或低透水性的密级配混合料,以阻截自由水的下渗和路基中细粒土的上迁。

本条是在原规范 5.3.1 条、5.3.4 条和 5.3.5 条基础上整合而成的。

排水基层设在面层下,作为路面结构的基层或基层的一部分,共同承受车辆荷载的作用。排水基层下必须设置不透水层,以防止表面水下渗浸湿垫层和路基,或者防止垫层或路基土中的细粒进入排水基层而造成堵塞。排水基层可采用横贯路基整个宽度的形式,不设边缘排水系统。渗入排水基层内的自由水,通过横向渗流,直接排泄到路基坡面外。这种形式便于施工,但其主要缺点是,排水层在坡面出口处易于生长杂草或被其他杂物堵塞,因此要特别注意日常养护和清理。排水基层也可采用结合边缘排水系统的形式,渗入路面结构内的水,先通过竖向渗流进入排水层,然后横向渗流进入纵向集水沟和排水管,再由横向出水管引排出路基。这种排水系统,由于自由水进入排水层的渗流路径短,在透水性材料中渗流的速率快,其排水效果要比路面边缘排水系统好,一般在新建路面时可采用此方案。

5.3.2　排水基层可采用水泥或沥青处治的不含或含少量粒径 4.75mm 以下细料的开级配碎石材料,也可采用未经结合料处治的开级配碎石材料,并应符合以下规定:

1　集料应选用洁净、坚硬的碎石,其压碎值不得大于 28%。采用沥青处治时,最大公称粒径宜为 16mm;采用水泥处治时,最大公称粒径宜为 19mm;最大公称粒径不得超过层厚的 2/3。粒径 4.75mm 以下细料的含量不得大于 10%。混合集料级配应满足透水性要求,且渗透系数不得小于 300m/d。

2 水泥处治碎石集料的水泥用量不得少于160kg/m^3,其7d浸水抗压强度不得低于3MPa。沥青处治碎石集料的沥青用量可为集料烘干质量的2.5%~4.5%。

3 渗透系数可采用常水头或变水头渗透试验测定。

4 水泥混凝土面层的排水基层,宜采用水泥处治开级配碎石。沥青混凝土路面的排水基层,宜采用沥青处治碎石。

5.3.2 排水基层由水泥或沥青处治不含或含少量粒径4.75mm以下细料的开级配碎石集料组成,或者由未经结合料处治的开级配碎石集料组成。

集料应选用洁净、坚硬而耐久的碎石,其压碎值不大于30%。最大粒径为20cm或25cm,并不得超过层厚的2/3。粒径4.75mm以下细料的含量不大于10%。集料级配应满足透水性要求(渗透系数不得小于300m/d),可通过常水头或变水头渗透试验试配后确定。

水泥处治碎石集料的水泥用量不得少于160kg/m^3,其7d浸水抗压强度不得低于3~4MPa。沥青处治碎石集料的沥青用量约为集料干重的2.5%~4.5%。

本条是在原规范5.3.2条基础上修订的,内容基本一致,只是按款的形式进行分类规定,较清晰。

未经水泥或沥青处治的开级配碎石,在施工摊铺时易出现离析,在碾压时不易压实稳定,并且易在施工机械行驶下出现推移变形,因此,首先推荐采用经处治的开级配碎石作为排水基层。

用作水泥混凝土面层的排水基层时,宜采用水泥处治开级配碎石,其最大粒径可选用19mm。作沥青混凝土面层的排水基层时,宜采用沥青处治碎石,最大粒径宜为16mm。

5.3.3 排水基层厚度 H_b 应根据所需排放的水量和基层材料的渗透系数,通过式(5.3.3)计算确定,并满足最小厚度的要求。采用沥青处治碎石时,最小厚度不得小于60mm;采用水泥处治碎石时,最小厚度不得小于80mm;采用级配碎石时,最小厚度不得小于120mm。排水基层的宽度应根据面层施工需要确定,宜超出面层宽度300~900mm。

$$H_b \geqslant \frac{Q_{cb}}{k_b i_h} \quad (5.3.3)$$

式中：Q_{cb}——纵向每延米排水基层的泄水能力[$m^3/(d \cdot m)$]；

k_b——排水基层设计渗透系数(m/d)；

i_h——基层横坡。

5.3.3 排水基层的厚度按所需排放的水量和基层材料的渗透系数通过水力计算确定，通常在8~15cm范围内选用，但最小厚度不得小于6cm(沥青处治碎石)或8cm(水泥处治碎石)。其宽度应视面层施工的需要超出面层宽度30~90cm。

本条是在原规范5.3.3条基础上修订的，补充了排水基层厚度的计算公式，补充了采用采用沥青处治碎石时的最小厚度值。

排水基层作为路面结构的基层或基层的一部分，也可按承受荷载的需要增加排水基层的厚度，但这时须对结构设计方案(增加其他结构层的强度或厚度还是增加排水基层的厚度)进行技术经济比较。路面结构设计可采用现行规范，材料设计参数依据标准试验方法测定的数值取用。

【示例4】 接示例2，按行车道路面表面水设计渗入量进行排水基层厚度设计。

排水基层的泄水能力是透水材料渗透系数和基层厚度的函数。可以先选定透水材料，而后依据其渗透系数确定所需的排水基层厚度；或者，先选定排水基层的厚度，再确定所需的透水材料渗透系数。

如所选透水材料的渗透系数为2 000m/d，则排水基层排泄设计渗入量所需的厚度按新规范式(5.3.3)计算得：

$$H_b \geqslant \frac{Q_b}{k_b i_h} = \frac{4.05}{2\,000 \times 0.02} = 0.101\text{m}$$

考虑到排水基层顶面的空隙有可能在施工中被堵塞，取其设计厚度为0.12m。

如选用透水基层设计厚度为0.1m，并设基层顶底面部分空隙被堵塞的深度约为 0.02m,基层的有效厚度为 0.08m,则透水材料所要求具有的渗透系数为：

$$k_b \geqslant \frac{Q_b}{H_b i_h} = \frac{4.05}{0.08 \times 0.02} = 2\,531\text{m/d}$$

5.3.4 渗入水在路面结构内的最大渗流时间,冰冻地区不应超过 1h,其他地区不应超过 2h。渗入水在排水基层内的渗流时间可按式(5.3.4-1)计算确定：

$$T \approx 0.69\frac{n_e L_t}{k_b J_0} \tag{5.3.4-1}$$

其中

$$L_t = B\sqrt{1+\frac{i_z^2}{i_h^2}} \tag{5.3.4-2}$$

式中：T——渗流时间(h)；

n_e——排水基层的有效空隙率；

L_t——渗流路径长(m)；

k_b——排水基层的渗透系数(m/s)；

J_0——路面合成坡度；

i_z——基层纵坡。

本条是在原规范 5.1.5 条和 5.1.3 条第 2 款内容基础上修订的。新规范对渗流时间进行了修订。

自由水在排水层内的渗流时间,是渗流路径长和渗流速度的函数。对于有纵向和横向坡度的排水基层,自由水沿着合成坡度渗流,路径长为合成长度。渗流速度是指水流在透水材料孔隙内的流速,而不是过水断面的平均流速,因而新规范式(5.3.4-1)中引入了透水材料的有效空隙率 n_e。

美国 AASHTO 结构设计指南(2002)将排水质量划分为优、良、中、差和很差 5 个等级,对于优等排水,排走 50% 的水应在 2h 内完成。参考美国 AASHTO 的标准,如表 5-1 所示,以降雨停止后 2h 或 1d 之内排除 50% 的水所用的时间作为控制标准,对自由水在排水基层内的渗流时间进行修订。

自由水在路面结构内的渗流时间不能太久。在冰冻地区,滞留时间过长会使水分在基层内结冰,从而损害路面结构,并使系统排水受阻。而在非冰冻地区,自由水滞留时间长,会使路面结构处于饱水状态的时间久,也即一年内路面强度低的比例大,从而影响路面的使用寿命。条文中的规定渗流时间,系参考美国联邦公路局设计指南和部分州的规定,按低限要求值制定的。

表 5-1 排水基层排除 50%的水所用时间与排水质量表(AASHTO,2002)

排水时间	2h	1d	1周	1月	永不排干
排水质量	优	良	中	差	很差

自由水在排水基层内的渗流时间按下式计算:

$$T = \frac{n_e L_t}{k_b J_0} \ln \frac{h_1}{h_2} \cos i \tag{5-1}$$

式中:T——水流在多孔材料中的排除时间;

i——横向坡度;

n_e——多孔材料的有效空隙率;

L_t——渗流路径长(m);

k_b——多孔材料排水层的渗透系数(m/s);

J_0——路面合成坡度;

h_1——排水层排水起始水深(m);

h_2——排水层排水期末水深(m)。

按照美国 AASHTO 的标准(表 5-1),以降雨停止后 2h 或 1d 之内排除 50%的水所用的时间作为控制标准,$\cos i$ 在合成坡度为 10%时为 0.995,因此可以近似取 1,有排水时间为:

$$T \approx 0.69 \frac{n_e L_t}{k_b J_0} \tag{5-2}$$

【示例 5】 接示例 2,设路线纵坡为 2%,路面横坡为 2%。请计算自由水在排水基层内的渗流时间。

由新规范式(5.3.4-2),渗流路径长为:

$$L_t = B\sqrt{1 + \frac{i_z^2}{i_h^2}} = 9 \times \sqrt{1 + \frac{0.02^2}{0.02^2}} = 12.73\ \text{m}$$

设排水基层透水材料的渗透系数为 $k_b = 2\,000\text{m/d}$,有效孔隙率为 0.25,则由新规范式(5.3.4-1)得渗流时间:

$$T \approx 0.69\frac{n_e L_t}{k_b J_0} = 0.69 \times \frac{0.25 \times 12.73}{2\,000 \times 0.02} = 0.055\text{d} = 1.32\text{h} < 2\text{h}$$

5.4 排水垫层

本节内容是将原规范5.3节5.3.6条和5.3.7条有关排水垫层设计内容作为新增的一节进行了规定。

5.4.1 排水垫层宜采用横贯路基整个宽度的形式,也可采用结合边缘排水系统的形式,其厚度不宜小于0.15m。路基为路堑或半路堑时,挖方坡脚处还应设置纵向集水沟和排水管,如图5.4.1所示。

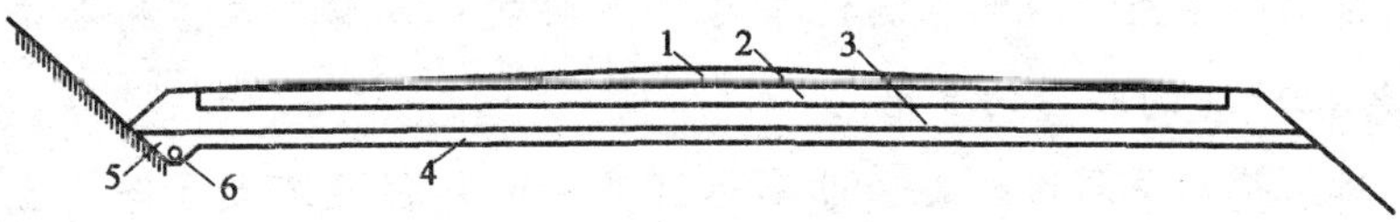

图5.4.1 排水垫层排水系统示意图

1-面层;2-基层;3-垫层;4-排水垫层;5-集水沟;6-排水管

5.3.6 为拦截地下水、滞水或泉水进入路面结构,或者排除因负温差作用而积聚在路基上层的自由水,可直接在路基顶面设置透水性排水垫层,并酌情配置纵向集水沟、排水管和出水管等(图5.3.6)。(原规范图5.3.6与新规范一致,此处从略。)

本条是在原规范5.3.6条基础上修订的,补充了排水垫层设计不宜最小厚度及排水垫层的设计形式。修改后使排水垫层设计更具实用性和可操作性。

排水垫层按路基全宽设在其顶面。过湿路基中的自由水上移到排水垫层内后,向两侧横向渗流,路基为路堤时,水向路基坡面外排流,直接排泄到路基坡面外,不设边缘排水系统;路基为路堑或半路堑时,挖方坡脚处需设置纵向集水沟、排水管和横向排水管。

5.4.2 排水垫层宜选用开级配集料(砂或砂砾石),其级配应满足以下要求:

$$5d_{15} \leqslant D_{15} \leqslant 5d_{85}$$

$$D_{50} \leqslant 25d_{50}$$

$$D_{60}/D_{10} \leqslant 20$$

式中:D_x——开级配集料在通过率为 $x\%$ 时的粒径(mm);

d_x——路基土级配在通过率为 $x\%$ 时的粒径(mm)。

5.3.7 排水垫层选用开级配集料(砂或砂砾石),其级配应满足下列排水和反滤的要求:

1 排水垫层集料级配在通过率为15%时的粒径应不小于路基土级配在通过率为15%时的粒径的5倍。

2 排水垫层集料级配在通过率为15%时的粒径应不大于路基土级配在通过率为85%时的粒径的5倍。

3 排水垫层集料级配在通过率为50%时的粒径应不大于路基土级配在通过率为50%时的粒径的25倍。

4 排水垫层集料级配的不均匀系数(通过率60%的粒径与通过率为10%的粒径的比值)不大于20。

本条是在原规范5.3.7条基础上修订的,内容与原规范一致,只是换成了简单的表达方式。

排水垫层材料需要同时满足透水和反滤的要求,因此对级配要求较严格。根据反滤准则,并结合工程经验,提出了对排水垫层级配的要求。

6 路界地下排水

新规范第6章与原规范都由3节构成,新规范将原规范的6.2节地下水调查和测定修改为6.2地下水勘察。新规范由28条组成,较原规范增加了11条。其中,6.1节一般规定较原规范增加1条;6.2节地下水勘察为7条,原规范为4条;6.3节地下排水设施为13条,原规范为6条。

新规范较原规范的变化主要体现为:6.1节新增1条规定;6.2节新增了2条和3款的规定;6.3节新增了7条规定,将原规范内容进行重新梳理并以款的形式进行了规定。修订后将使地下排水设施设计更加完善、清晰和可具操作性。

6.1 一般规定

本节新增3条内容,删除了原规范6.1.4条和6.1.6条之规定。删除内容如下:

6.1.4 地下排水沟管应尽可能采用较大的纵坡坡度;在出水口段宜加大纵坡坡度。其最小纵坡坡度一般不宜小于0.50%;条件困难时,主沟的最小坡度不得小于0.25%,支沟的最小坡度不得小于0.20%。

6.1.6 地下排水沟管的上游端头应设置以45°倾角与地面联通的清扫、疏通井管;在中间段的管道交汇处、转向处、管径或坡度变换处,应设置竖立的检查井管,其最大间距不得超过150m。

删除理由为:这两条所涉及的内容较为具体,不宜作为一般规定,修订后将其并列入相关地下排水设施设计的规定中。

6.1.1 当地下水影响路基稳定或强度时,应设置暗沟、渗沟、渗井、渗水隧道或仰斜

式排水管等地下排水设施，拦截、引排含水层的地下水，降低地下水位或疏干坡体内地下水。

6.1.1　在地下水危及路基稳定(包括整体稳定和局部稳定)或者严重影响路基强度的情况下，应根据具体情况采取拦截、旁引、排除含水层的地下水，降低地下水位或者疏干坡体内地下水等措施。

本条是在原规范6.1.1条基础上修订的，文字稍有变动。修订后更加简洁、通俗易懂。

地下排水的目的是为了提供稳定的路基和坡体，提高路堤基底的承载能力。通常，在下述情况下需考虑采用地下排水设施：

(1)路堑开挖截断了坡体内的含水层或者山坡路堤的基底范围内有含水层出露。为此，需沿着挖方或填方边坡坡脚设置渗沟，将含水层内的地下水拦截在路基范围外，并引排出路堑或路堤。

(2)填挖交替路段，接近路堑的路堤基底遇有含水层出露。此时，需在填挖交替处设置横越路堤的渗沟，以拦截含水层内的地下水，并排出路界。

(3)地下水位高，而路堤填土高度又受到限制；或者，路堑开挖后的基顶高程离地下水位很近。为降低路基湿度、提高其承载能力，可沿两侧边沟设置渗沟以降低地下水位。

(4)土质路堑边坡坡体的含水率很大而容易产生坡体滑动时，可设置条形、分岔形或拱形边坡渗沟，以疏干边坡坡体。

(5)在滑坡路段，为配合滑坡体稳定性处理措施，可采用拦截含水层地下水或疏干滑坡体的各种地下排水措施。

6.1.2　应通过工程地质和水文地质调查、勘察，查明地下水的类型、补给来源、活动规律及其他有关水文地质参数，勘察成果应满足路界地下排水设计的需要。对含水地层或地下水富集带宜进行专门的调查和勘测。

6.1.2　进行地下排水设计前，应进行野外工程地质和水文地质调查、勘探和测试，摸清地下水的类型和补给来源、地下水的活动规律以及有关水文地质参数。

本条是在原规范6.1.2条基础上进行了补充修订。修订后的条文更加完善、完整。

含水地层或地下水富集带所作的调查和专门的勘测，虽然工作量大，工作时间长，费用也高，但为使建成的公路不留有隐患，使路基的稳定性和路面使用寿命不受到影响，对其水文地质条件和地下水状况，要求按相应的公路工程地质勘查规范进行较详细的调查、勘探和测定，取得较为可靠的设计依据。

6.1.3 地下排水设施应具有足够强度，能承受来自包括排水设施及路基路面施工的施工荷载、路面结构静载、行车荷载及路基变形或周围环境影响等产生的作用。

本条为新增内容。

6.1.4 地下排水设施应采取反滤措施，防止堵塞、失效。

本条为新增内容。

6.1.5 应妥善处理地下排水设施出水口的排水通道，避免出现漫流或冲刷坡面。地下水可排放到路界地表排水系统中。地下排水设施出水口处水流应处于无压状态。

6.1.5 地下排水沟管的出水口间距不宜大于300m，并应妥善处理出水口的排水通道，防止出现漫流或冲刷山坡坡面。可以允许将地下水排放到路界地表排水系统中，但出水口处的地下水必须处于无压状态。

本条是在原规范6.1.5条基础上修订的。根据规范修订要求，删除了原规范中“地下排水沟管的出水口间距不宜大于300m”的规定。

6.1.6 应采取措施防止路界及附近地表水下渗补给地下水。公路毗邻地带的地表土质疏松，或岩土有天然裂隙，或路基上方有积水洼地时，可采取对土质地面的裂缝用黏土填塞捣实，对岩石裂缝用水泥砂浆填塞，对松软土质地段铺植草皮和种植树木，对路堑边坡上方的洼地和水塘予以填平等措施，防止地表水下渗。

6.1.3 在排除地下水的同时，应采取措施防止地表水下渗而造成对地下水的补给,也不允许将地表水排放入地下水排水设施内。

本条在原规范6.1.3条基础上进行了补充。

6.1.7 不得将地表水排放到地下排水设施内。

本条为新增内容。

6.1.8 地下排水设施的设计渗流量应按第9章计算确定。

6.1.7 地下排水设施的设计渗流量可按8.3节中所述的方法计算确定。

本条是在原规范6.1.7条基础上修订的。

6.2 地下水勘察

本节在保留原规范规定内容的基础上进行了补充,新增两条规定,使地下水调查和测定更加完善且具有可操作性。

6.2.1 地下水勘察应包含以下内容:

1 查明地下水的类型和赋存状态,以及含水层和隔水层的性质、层数和厚度。

2 查明地下水的埋藏深度、水位变化规律和变化幅度。

3 查明地下水的流向、流速和水力坡度。

4 调查泉水出露的位置、类型、流量和动态变化。

5 调查地下水的补给排泄条件、地表水与地下水的补排关系及其对地下水位的影响。

6 分析地下水的化学成分,评价其对混凝土结构物的侵蚀性。

7 调查当地地下水的利用和既有地下排水设施的使用情况。

8 评价地下水对公路的影响。

6.2.1 设计前应收集既有的工程地质和水文地质等有关资料,并通过野外调查及坑探和钻探测试,收集下列数据:

1 地下水的类型和补给来源;含水层和不透水层的性质、层数和厚度。

2 泉水出露的位置、类型、流量和动态变化。

3 地下水的埋藏深度、水位变化规律和变化幅度。

4 地下水的流向、流速和水力坡度。

5 当地地下水的利用和已有的地下排水设施使用情况。

本条是在原规范6.2.1条基础上进行修订的,补充了3款规定。

地下水调查和测定是一项深入细致的工作。地下水调查可采用地质调查方法,对于水文地质条件较复杂的地区,还应结合坑探和钻探,了解含水层与不透水层的组成情况,测定地下水位以及地下水的流向、流速和流量等,作出地下水对公路影响的评价,为地下排水设计提供可靠的依据。

6.2.2 缺乏常年地下水位监测资料的地区,地质条件复杂的隧道、大型滑坡、深路堑等重点工程初步勘察时,宜设置观测孔对有关层位的地下水进行长期观测。当水文地质条件对其工程方案有重大影响时,应进行专门的水文地质勘察,现场测定地层渗透系数等水文地质参数;必要时可设置观测孔,量测压力水头随深度的变化。

本条为新增内容。

地下水赋存状态不仅短期变化,还存在年变化规律和长期的动态规律。工程经验表明,在地质条件复杂的大规模工程建设中,地下水勘察评价会对工程安全与造价产生较大影响。在初勘阶段只能了解到勘察时刻的地下水状态,有时甚至没有足够的时间进行现场试验,无法了解地下水的赋存状态及随时间变化规律,影响工程方案的选择,因此提出此条文要求。

6.2.3 地下水的流向可用几何法量测,在同一水文地质单元内,量测点不应少于3个测孔(井)。3个测点时,最小夹角不宜小于40°。测点间距应根据岩土的渗透性、水力梯度和地形坡度确定,宜为50~150m。应同时量测各孔(井)内水位,确定地下水的流向。

6.2.2 地下水的流向可采用三点法测定,三个测孔间的距离一般可取为50~150m。地下水的流速可利用指示剂着色法测定;或者利用已知的水力坡度和渗透系数,由计算确定。

本条在原规范6.2.2条第一句的基础上进行了补充。删除了第二句话的规定，将其单独作为一条。

用几何法测定地下水流向的钻孔布置，除应在同一水文地质单元外，尚需考虑形成锐角三角形，其中最小的夹角不宜小于40°，孔距边长宜为50～150m，过大和过小都将影响测量精度。按各钻孔的地下水水位高程绘制等水位线。垂直等水位线的方向即为地下水的流向。

6.2.4 地下水的流速可采用指示剂着色法测定，也可采用已知的水力坡度和渗透系数由计算确定。采用指示剂着色法测定时，宜在观测孔两侧各布置一个辅助观测孔，防止指示剂不流经下游观测孔。试验孔与观测孔的距离应根据含水层条件确定，一般细砂层宜为2～5m，含砾粗砂层宜为5～15m，裂隙岩层宜为10～15m，岩溶水可大于50m。指示剂可采用各种盐类、着色颜料等，用量应根据地层的透水性和渗透距离确定。

本条在原规范6.2.2条第二句的基础上进行了补充。

利用钻孔投放指示剂，可测定地下水的流速。为防止指示剂不流经下游观测孔，可在其两侧各布置一个辅助观测孔。试验孔与观测孔的距离由含水层条件确定，一般细砂层为2～5m，含砾粗砂层为5～15m，裂隙岩层为10～15m，对岩溶水可大于50m。指示剂可采用各种盐类、着色颜料等，其用量取决于地层的透水性和渗透距离。

6.2.5 含水层的渗透系数可采用下述室内或野外试验方法确定：

1 根据代表性岩土的渗透系数经验值，结合当地经验确定。代表性岩土渗透系数经验值可参考表6.2.5。

表6.2.5 代表性岩土渗透系数 k_h 经验值

岩土名称	k_h(mm/s)	岩土名称	k_h(mm/s)
黏土	$<6\times10^{-5}$	中砂	$6\times10^{-2}\sim0.2$
粉质黏土	$6\times10^{-5}\sim1\times10^{-3}$	粗砂	0.2～0.6
粉土	$1\times10^{-3}\sim6\times10^{-3}$	砾石	0.6～1
粉砂	$6\times10^{-3}\sim1\times10^{-2}$	卵石	1～6
细砂	$1\times10^{-2}\sim6\times10^{-2}$	漂石	6～1000

2 通过室内常水头或变水头渗透试验确定。

3 在野外对含水层进行抽水试验后计算确定；对非饱和松散岩土层可采用渗水试验确定。

6.2.3 含水层介质的渗透系数可采用下述室内或野外试验方法确定：

1 按代表性岩土的渗透系数经验值粗略地估计。

2 由室内常水头或变水头渗透试验确定。试验时，试件的直径应为岩土颗粒最大粒径的 8 或 12 倍。

3 在野外对含水层进行抽水试验后计算确定，或者对非饱和松散岩土层采用渗水试验确定。

本条是在原规范 6.2.3 条及其条文说明的基础上修订的，内容没有变化。

6.2.6 泉水出露处的水流量可根据流量大小选择容积法、三角堰法或梯形堰法测定。

6.2.4 泉水出露处的泉水流量可根据流量大小选择容积法、三角堰法或梯形堰法测定。

本条为原规范 6.2.4 条的内容，没有变化。

泉水流量一般使用三角堰测量。埋设三角堰时要注意，一定要使三角堰流出的水流是自由水跌，再者测量三角堰水位高度应在三角堰横向过水宽度 3 倍以外的部位测量，在堰口测量时由于存在水跌，数值偏小。该种方法简单。泉的流量大时可应用梯形堰或矩形堰等。不同的测量方法计算公式亦不同，可根据水文地质手册中流量表查算。

6.2.7 水文地质抽水试验、渗水试验等应符合现行《岩土工程勘察规范》(GB 50021)、《公路工程地质勘察规范》(JTG C20)的规定，室内渗透试验等应符合现行《公路土工试验规程》(JTG E40)的规定。

本条为新增内容。

6.3 地下排水设施

本节共13条,较原规范增加6条规定,将原规范内容进行重新梳理并以款的形式进行了规定。

6.3.1 应根据地下水类型、含水层埋藏深度、地层渗透性、地下水对环境的影响,并考虑与地表排水设施协调等,选用适宜的地下排水设施,并应符合以下规定:

1 有地下水出露的挖方路基、斜坡路堤、路基填挖交替地段,当地下水埋藏浅或无固定含水层时,宜采用渗沟。

2 赋存有地下水的坡面,当坡体土质潮湿、无集中的地下水流但危及路基安全时,宜设置边坡渗沟或支撑渗沟。

3 当地下水埋藏深或为固定含水层时,可采用渗水隧洞、渗井。渗井宜用于地下含水层较多,但路基水量不大,且渗沟难以布置的地段。

4 路基基底范围有泉水外涌时,宜设置暗沟(管)将水引排至路堤坡脚外或路堑边沟内。

5 当坡面有集中地下水时,可设置仰斜式排水孔。

6.3.1 路基基底局部范围有泉水外涌时,应设置暗沟或暗管将水引排至路堤坡脚外或路堑边沟内。泉井壁和沟壁可采用浆砌片石砌筑,沟顶设置混凝土或石盖板。盖板顶面上的填土厚度不应小于50cm。沟宽视泉井范围而定。

6.3.5 为疏干潮湿的土质路堑边坡坡体和引排边坡上局部出露的上层滞水或泉水,可采用边坡渗沟(图6.3.5)。修建边坡渗沟的边坡坡度不应陡于1:1。

6.3.6 为引排山坡土体内的地下水,以解除静水压力,保障坡体稳定,可采用平式钻孔排水。

本条为新增内容。其中,第2款、第4款和第5款是在原规范6.3.1条、6.3.5条和6.3.6条的第一句话基础上修订的。

6.3.2 渗沟类型应根据使用部位、渗流量等确定,横断面尺寸应根据第9章所述方法计算确定,并应符合以下规定:

1 渗沟的渗水部分应采用洁净的透水性粒料充填，粒料中粒径小于2.36mm的细粒料含量不得大于5%，回填料外围应设置反滤层。渗沟位于路基范围外时，透水性回填料顶部应覆盖厚度不小于0.15m的不透水填料。

2 管式渗沟的排水管管径不宜小于150mm，可选用带孔的PVC、PP、PE塑料管、软式透水管、无砂混凝土管或带孔的水泥混凝土管等材料。

3 填石渗沟、无砂混凝土渗沟最小纵坡不宜小于1%，管式渗沟、洞式渗沟最小纵坡不宜小于0.5%。

6.1.4 地下排水沟管应尽可能采用较大的纵坡坡度；在出水口段宜加大纵坡坡度。其最小纵坡坡度一般不宜小于0.50%；条件困难时，主沟的最小坡度不得小于0.25%，支沟的最小坡度不得小于0.20%。

6.3.2 为拦截含水层的地下水或降低地下水位，可设置管式渗沟（图6.3.2）。渗沟的埋置深度按地下水位的高程、（为保证路基或坡体稳定）地下水位需下降的深度以及含水层介质的渗透系数等因素考虑确定。排水管可采用带槽孔的塑料管或水泥混凝土管。管径按设计渗流量确定，但最小内径为15cm（渗沟长度≤150m时）或20cm（渗沟长度>150m时）。排水管周围回填透水性材料，管底回填料的厚度为15cm，管两侧的回填料宽度不少于30cm。渗沟位于路基范围外时，透水性回填料顶部应覆盖15cm厚的不透水填料。透水性回填料可采用粒径5~40mm的碎石或砾石，但粒径小于2.36mm的细粒含量不得大于5%。含水层内的细粒有可能随渗流进入沟内而堵塞渗沟时，应在渗沟的迎水面沟壁处设置反滤织物。

本条是在原规范6.1.4条和6.3.2条基础上修订的。

6.3.3 管式渗沟的排水管应符合以下规定：

1 带孔的排水管，槽孔的内径宜为5~10mm，纵向间距宜为75mm，按4或6排对称地排列在圆管断面的下半截，如图6.3.3a）所示；带槽的排水管，槽口的宽度宜为3~5mm，按两排间隔165°对称地排列在圆管断面的下半截，如图6.3.3b）所示。

2 圆孔与槽孔布设应满足表6.3.3所列要求。

图6.3.3　带槽孔排水管的圆孔和槽口布置示意图

a)带孔排水管；b)带槽排水管

表6.3.3　带槽孔排水管的槽孔布置尺寸要求

管径（mm）	圆孔			槽口		管径（mm）	圆孔			槽口	
	排数	H（mm）	L（mm）	长度（mm）	间距（mm）		排数	H（mm）	L（mm）	长度（mm）	间距（mm）
150	4	70	98	38	75	300	6	140	195	75	150
200	4	94	130	50	100	380	6	175	244	75	150
250	4	116	164	50	100	460	6	210	294	75	150

6.3.3　带孔的排水管，其圆孔的内径为5～10mm，纵向间距为75mm，按4或6排对称地排列在圆管断面的下半截[图6.3.3a)]。最上面一排圆孔距管内底的最大高度*H*和管下部无圆孔截面的弦长*L*应满足表6.3.3中所列的要求。带槽的排水管，其槽口的宽度为3～5mm（沿管长方向），沿圆周方向的长度和槽口的间距应满足表6.3.3中所列的要求。槽口按两排间隔165°对称地排列在圆管断面的下半截[图6.3.3b)]。在渗沟内安设排水管时，槽孔向下。（原规范图6.3.3和表6.3.3与新规范一致，此处从略。）

本条是在原规范6.3.3条基础上修订的，以款的形式进行了规定，更加清晰、明了。

排水管的槽孔大小和空隙总面积，会影响到细粒会否渗入管内和渗入水的流量。参照美国各州公路和运输官员协会的有关规程（AASHTO：M175和M278），带孔的排水管，其圆孔的内径为5～10mm，纵向间距为75mm，按4或6

排对称地排列在圆管断面的下半截，如新规范图 6.3.3a）所示。最上面一排圆孔距管内底的最大高度 H 和管下部无圆孔截面的弦长 L 应满足新规范表 6.3.3 中所列的要求。带槽的排水管，其槽口的宽度为 3 ~ 5mm（沿管长方向），沿圆周方向的长度和槽口的间距应满足新规范表 6.3.3 中所列的要求。槽口按两排间隔 165°对称地排列在圆管断面的下半截，如新规范图 6.3.3b）所示。用于管式渗沟的圆管槽孔都分布在管截面的下半部分，安设排水管时，槽孔须面向沟底，使渗流由下部漫入管内。

6.3.4 在盛产石料地区，可采用洞式渗沟。洞式渗沟应在路基范围外设置。渗沟洞顶板条间应留有宽 20mm 的缝隙，缝隙间距不宜超过 300mm。

6.3.4 在盛产石料地区，也可采用洞式渗沟在路基范围外拦截地下水（图 6.3.4）。在渗沟底部，以片石浆砌成矩形排水槽，槽顶覆盖水泥混凝土条形盖板，形成排水洞。其横断面尺寸按设计渗流量的要求确定。板条间留有宽 20mm 的缝隙，间距不超过 300mm。在盖板顶面铺以透水的土工织物。沟内回填透水性填料，沟顶覆盖 20cm 厚的不透水封闭层。含水层内的细粒有可能随渗流进入沟内而堵塞渗沟时，应在渗沟的迎水面沟壁处按渗滤要求设置若干层粒料反滤层。每层反滤层由厚度为 15 ~ 25cm 的粒料组成，其级配组成按 5.3.7 条所列的要求设计。

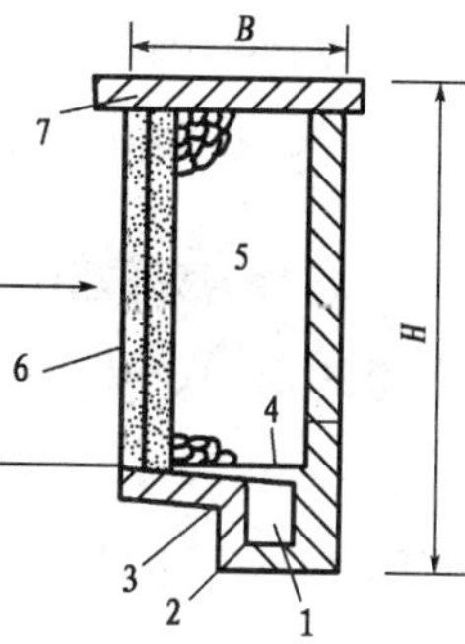

图 6.3.4 洞式渗沟

1-排水洞；2-浆砌片石；3-混凝土盖板；4-透水土工织物；5-透水性回填料；6-反滤层；7-封闭层

本条是在原规范 6.3.4 条基础上修订的。在盛产石料地区，也可采用洞式渗沟在路基范围外拦截地下水。在渗沟底部，以片石浆砌成矩形排水槽，槽顶覆盖水泥混凝土条形盖板，形成排水洞。其横断面尺寸按设计渗流量的要求确定。板条间留有宽 20mm 的缝隙，间距不超过 300mm。在盖板顶面铺以透水的土工织物。沟内回填透水性填料，沟顶覆盖 200mm 厚的不透水封闭层。

6.3.5　斜坡路堤与路基填挖交界处的渗沟，挖方区侧和顶面等渗沟迎水面应设置反滤层；填方区渗沟背水面侧壁和底面应设置防渗层。反滤层、防渗层应符合以下规定：

1　反滤层用砂砾石应洁净，小于0.15mm的颗粒含量不得大于5%。

2　无砂混凝土反滤层厚度宜为0.1～0.2m。当沟壁土质为黏性土、粉土或粉细砂时，在无砂混凝土块外侧，还应设置厚度0.1～0.15m的中粗砂或土工织物反滤层。

3　土工织物反滤层宜采用无纺土工织物。当沟壁为黏性土、粉土或粉细砂时，可在土工织物与沟壁之间增设一层厚度0.1～0.15m的中砂反滤层。

4　防渗层可采用复合土工膜等材料。

本条为新增内容。含水层内的细粒有可能随渗流进入沟内而堵塞渗沟时，应在渗沟的迎水面沟壁处按渗滤要求设置若干层粒料反滤层。

6.3.6　边坡渗沟应垂直嵌入边坡坡体，根据边坡情况可按条带形、分岔形或拱形布设，间距宜为6～10m。渗沟宽度宜为1.2～1.5m，基底宜呈阶梯状，基础宜采用浆砌片石。沟内应回填透水性粒料，回填料外周应设置反滤层。沟顶部可采用干砌片石铺砌。下部出水口宜采用干砌片石垛支撑，如图6.3.6所示。

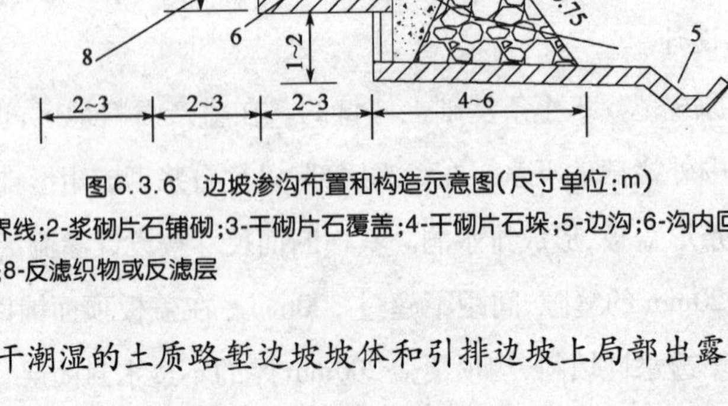

图6.3.6　边坡渗沟布置和构造示意图（尺寸单位：m）

1-干湿土层分界线；2-浆砌片石铺砌；3-干砌片石覆盖；4-干砌片石垛；5-边沟；6-沟内回填粗粒料；7-上部回填细粒料；8-反滤织物或反滤层

6.3.5　为疏干潮湿的土质路堑边坡坡体和引排边坡上局部出露的上层滞水或

泉水，可采用边坡渗沟（图6.3.5）。修建边坡渗沟的边坡坡度不应陡于1:1。

边坡渗沟应垂直嵌入边坡坡体，其平面形状宜采用条带形布置，对于范围较大的潮湿坡体，可采用增设支沟的分岔形布置或拱形布置。主沟间距宜采用6～10m。渗沟宽度约1.2～1.5m，其基底应设在较干燥而稳定的土层内，筑成阶梯状。基础采用浆砌片石，沟内回填透水性粒料，其底部采用大粒径的碎石或砾石，而上部可采用较小粒径的砂砾。粗回填料外周设置反滤织物或反滤层。沟顶部采用干砌片石铺砌，其表面与边坡坡面大致齐平。下部出水口宜采用干砌片石垛支撑，渗出的水流直接进入边沟。（原规范图6.3.5与新规范一致，此处从略。）

本条是在原规范6.3.5条部分内容基础上修订的。

6.3.7 支撑渗沟的横向间距应根据土质情况和渗水量确定，宜为6～8m，沟深不宜小于1.5m，沟宽不宜小于1.5m，基底应呈阶梯状，基础宜采用浆砌片石，沟内应回填透水性粒料。回填料外周应设置反滤层。沟顶部可采用干砌片石铺砌。

本条为新增内容。

6.3.8 渗井直径宜为0.5～0.6m，距离路堤坡脚不宜小于10m。渗井的平面布置及井径、渗水量应按第9章计算确定。

本条为新增内容。

6.3.9 渗水隧洞的设计应符合以下规定：

1 隧洞的埋设深度应根据主要含水层的埋藏深度确定，并应设置在稳定地层内，顶部应在滑动面（带）以下不小于0.5m。

2 对滑动面以上的其他含水层，宜采用在渗水隧洞顶上设置渗井或渗管等方法引入隧洞中。渗水隧洞以下存在承压含水层时，宜在洞底部设置渗水孔。

3 隧洞横断面净高不宜小于1.8m，净宽不宜小于1.0m。

4 隧洞平面轴线宜顺直，洞底纵坡应不小于0.5%，不同纵坡段可采用设台阶跌水或折线坡等形式连接。

5 隧洞结构设计应符合现行《公路隧道设计规范》（JTG D70）有关规定。

本条为新增内容。

6.3.10　暗沟(管)的尺寸应根据泉水流量计算确定。暗沟宜采用矩形断面,井壁和沟底、沟壁宜采用浆砌片石或水泥混凝土预制块砌筑,沟顶应设置混凝土或石盖板,盖板顶面上的填土厚度不应小于0.5m。应采取有效措施防止暗沟淤塞。

6.3.1　路基基底局部范围有泉水外涌时,应设置暗沟或暗管将水引排至路堤坡脚外或路堑边沟内。泉井壁和沟壁可采用浆砌片石砌筑,沟顶设置混凝土或石盖板。盖板顶面上的填土厚度不应小于50cm。沟宽视泉井范围而定。

本条是在原规范6.3.1条基础上修订的。

6.3.11　仰斜式排水孔仰角不宜小于6°,长度应伸至地下水富集部位或潜在滑动面,并宜根据边坡渗水情况成群分布。排水孔钻孔直径宜为75~150mm,孔内应设置透水管。透水管直径宜为50~100mm,可选用软式透水管或带孔的PVC、PP、PE塑料管等材料。透水管应外包土工布作为反滤层。

6.3.6　为引排山坡土体内的地下水,以解除静水压力,保障坡体稳定,可采用平式钻孔排水。用钻孔直径75~150mm、钻深可达180m的钻机,在挖方边坡平台上水平向钻入坡体含水层,而后在钻孔内推入直径50mm、带槽孔的塑料(PVC)排水管(也可将塑料排水管放在钻杆内一起钻入,随后抽回钻杆)。钻孔的仰坡度可为10%~25%(一般采用平均仰坡10%~15%)。带孔排水管的圆孔,直径10mm,纵向间距75mm,沿管周分3排均布排列,1排在管的顶部,其他2排分别在管的两侧,顶排的圆孔位置与侧排圆孔交错排列。靠近出水口约1~10m长的范围内,应设置不带槽孔的塑料排水管。在靠近出水口至少60cm长的范围内,用黏土堵塞钻孔与排水管之间的空隙。

本条是在原规范6.3.6条基础上修订的。

6.3.12　暗沟(管)、渗沟及渗水隧洞的平面转弯、纵坡变坡点等处及直线段每隔一定间距,应设置检查井。检查井的设置应符合以下规定:

1　渗沟检查井的设置间距不宜大于30m,渗水隧洞检查井的设置间距不宜大于100m。

2　兼起渗井作用的检查井的井壁外，应设置反滤层。

3　检查井直径应满足疏通的需要，且不宜小于1m，井内应设检查梯，井口应设井盖，当深度大于20m时，应增设护栏等安全设备。检查梯应采取防腐蚀措施或采用耐腐蚀的复合材料。

本条为新增内容。

6.3.13　黏质土地段地下水埋深小于0.5m或粉质土地段地下水埋深小于1.0m时，宜在低路堤底部设置隔离层。隔离层可采用土工膜、复合土工膜、复合防水板等土工合成材料或粒料类材料。当地下水丰富时，土工合成材料底部宜设置排水垫层，垫层材料宜选用天然砂砾或中粗砂。季节性冻土地区应采用砂砾隔离层。

本条为新增内容。

7 公路构造物、下穿道路及沿线设施排水

新规范第7章由5节构成,较原规范新增了7.3节隧道排水设计和7.5节沿线设施排水设计内容。新规范为34条,较原规范增加了19条。其中,7.1节桥面排水为7条,原规范为6条;7.2节桥(涵)台和支挡构造物排水为5条,原规范为4条;7.3节隧道排水为新增内容,共8条;7.4下穿道路排水为9条,原规范为5条;7.5节沿线设施排水为新增内容,共5条。

7.1 桥面排水

新规范总条数较原规范增加1条。具体来说,本节较原规范新增2条规定,删除了原规范7.1.1条,其内容修订后列入了第3章总体要求一章中。删除内容如下:

7.1.1 为保障桥面行车通畅、安全,防止桥面结构受降水侵蚀,应设置完善的桥面排水设施。

7.1.1 桥面排水系统应与桥梁结构及桥下排水条件相适应,避免水流下渗对桥梁结构耐久性造成影响。大桥和特大桥的桥面排水系统还应与桥面铺装设计相协调。

本条为新增内容。

7.1.2 桥面应有足够的横向和纵向排水坡度。桥面横向排水坡度宜与路面横坡度一致,当设有人行道时,人行道应设置倾向行车道0.5% ~1.5%的横坡。当桥面纵坡小于0.5%时,宜在桥面铺装较低侧边缘设置纵向渗沟排水系统。

7.1.3 桥面应有足够的横向和纵向坡度,使落在桥面上的降水迅速排向桥面

行车道两侧。桥面横向坡度可按路面横向坡度取用或比后者大0.5%。

本条是在原规范7.1.3条基础上修订的，在内容上进行补充规定。

桥面表面水主要是以桥面的合成坡排向行车道的两侧，因而，桥面必须有足够的横向坡度，通常采用与路面相同的横向坡度。在桥面行车道两侧采用缘石的情况下，表面水汇集于由缘石与桥面组成的过水断面内，桥面宜采用和路面相同的横坡坡度。当桥梁两侧设有人行道时，为了保证排水通畅，人行道表面应当设置向行车道倾斜的横坡。

7.1.3 桥面排水对桥下通行有影响时，桥面水通过横坡和纵坡排入泄水口后，应汇集到纵向排水管或排水槽中，通过设在墩台处的竖向排水管排入地面排水设施或河流中。竖向排水管出口处应设置排水沟，并适当加固，避免冲刷和漫流。

7.1.2 跨越公路、铁路、通航河流的桥梁以及城市高架桥，落在桥面上的降水通过桥面横坡和纵坡排流入泄水口后，应汇集到纵向排水管（或排水槽），并通过设在墩台处的竖向排水管（落水管）流入地面排水设施或河流中。跨越一般河流、水沟的桥梁，桥面水排流入泄水口后可通过泄水管直接向下排放。

本条是在原规范7.1.2条及其条文说明基础上修订的，进行了较大的改动。

当桥梁跨越城镇区、道路及具有通航功能的河流时，采用纵向排水管汇集泄水口流下的水，并由落水管排入地面排水设施或河流的桥面排水方式，避免桥下的行人、车辆或船只受到桥面水的影响。

7.1.4 泄水口宜设置在桥面行车道边缘处，间距可依据设计径流量按第9章计算确定，且最大间距不宜超过20m。在桥梁伸缩缝的上游方向应增设泄水口，在桥面凹形竖曲线的最低点及其前后3~5m处应各设置一个泄水口。

7.1.4 泄水口一般设置在桥面行车道边缘处。泄水口的间距可依据设计径流量按8.2节所述的方法计算确定，但最大间距不宜超过20m。在桥梁伸缩缝的上游方向应增设泄水口。在凹形竖曲线的最低点及其前后3~5m处各设置一个泄水口。

本条是在原规范 7.1.4 条基础上修订的，内容上没有变化。

泄水口间距，要考虑降雨强度和汇水面积，还要考虑桥面横向和纵向坡度、泄水口泄水能力以及允许过水断面漫流的宽度。在具体设计时，可以按确定路面拦水带或缘石泄水口间距的同样方法考虑桥面的泄水口。奥地利的经验是：当桥面横坡为 2.5%，纵坡为 1.0% 时，泄水口的最大间距为 25m；而当纵坡为 0.5% 时，则泄水口最大间距为 10m；但最低限值为每 400m^2 桥面至少应设置一个泄水口。日本的规定是泄水口的间距不大于 20m。参考这些数值，规定了泄水口间距不宜超过 20m。

在伸缩缝的上游方向设置泄水口，有助于减少流向伸缩缝的水量。日本的规定是在伸缩缝上游 1.5m 处设置泄水口。凹形竖曲线底部相继设置 3 个泄水口是为了预防最低点处的泄水口被杂物堵塞而导致积水。

7.1.5　泄水口可为圆形或矩形。圆形泄水口的直径宜为 150～200mm；矩形泄水口的宽度宜为 200～300mm，长度宜为 300～400mm。泄水口顶部应采用格栅盖板，其顶面宜比周围桥面铺装低 5～10mm。泄水管可采用铸铁管、PVC 管或复合材料管，内径不宜小于 150mm。泄水管伸入铺装结构内部的部分应做成孔隙状，其周围的桥面板应配置补强钢筋网。

7.1.5　泄水口可采用圆形或矩形。圆形泄水口的直径一般为 15～20cm；矩形泄水口的宽度一般为 20～30cm，长度为 30～40cm。泄水口顶部采用铸铁格栅盖板，其顶面比周围路面低 5～10mm。泄水管通常采用铸铁管，最小内径为 15cm。泄水口周围的桥面板应配置补强钢筋网。

本条是在原规范 7.1.5 条基础上修订的，在原规范基础上补充了"泄水管伸入铺装结构内部的部分应做成孔隙状"的内容。

要求泄水口顶面略低于周围桥面铺装，是为了有利于桥面水向泄水口汇流并增加截流率。由于设置泄水口，部分桥面板钢筋网被切断，因此要求泄水口周围应配置补强钢筋，使之具有足够的强度承受车辆荷载的作用。要求泄水管伸入铺装结构内部的部分做成孔隙状是为了不影响铺装结构内部水的排出。

7.1.6 排水管或排水槽宜设置在悬臂板外侧，并与周围景观相协调。排水管宜采用铸铁管、PVC管、PE管、玻璃钢管或钢管，其内径应大于或等于泄水管的内径。排水槽宜采用铝、钢或玻璃钢材料，其横截面应为矩形或U形，宽度和深度均不宜小于200mm。纵向排水管或排水槽的坡度不得小于0.5%。桥梁伸缩缝处的纵向排水管或排水槽应设置可伸缩的柔性套筒。寒冷地区的竖向排水管，其末端宜距地面500mm以上。

7.1.6 排水管或排水槽一般设置在悬臂板外侧；当有景观要求时，可采取遮盖或装饰处理措施予以遮掩。排水管一般可采用铸铁管、塑料管（聚氯乙烯或聚乙烯）或钢管，其内径应等于或大于泄水管的内径。排水槽宜采用铝质或钢质材料，也可采用水泥混凝土预制件，其横截面为矩形或U形，宽度和深度均为20cm左右。纵向排水管或排水槽的坡度不得小于0.5%。桥梁伸缩缝处的纵向排水管或排水槽应设置可供伸缩的柔性套筒。寒冷地区的竖向排水管，其末端宜距地面50cm以上。

本条是在原规范7.1.5条基础上修订的，文字稍有变动。

排水管和排水槽的架设位置应考虑与桥梁外观融为一体，必要时采取装饰或遮盖措施。排水管可采用铸铁管、塑料管（聚氯乙烯或聚乙烯）或钢管。为了保证泄水顺畅，排水管的内径应等于或大于泄水管的内径。排水管支托一般为高度可调节的不锈钢制品，支托装置应牢固地附着在桥梁构件上。排水管接头应考虑桥梁和排水管二者在纵向伸缩上的差异。

7.1.7 伸缩缝结构应能避免桥面水下落至梁端、盖梁和墩台等结构上。伸缩缝两侧的现浇混凝土应采取浇筑微膨胀混凝土、抗渗混凝土等防渗漏的措施，避免雨水下渗影响到梁端、盖梁和墩台等桥梁结构。

本条为新增内容。

桥梁伸缩缝及两侧的混凝土防水效果不好，会造成雨水下渗，从而导致梁端、盖梁和墩台混凝土的腐蚀、酥松、脱落、开裂和钢筋锈蚀等诸多病害。因此，要求加强伸缩缝自身和伸缩缝两侧现浇混凝土的防渗漏性能（如采用经过实践检验的防水效果良好的伸缩缝或者现浇混凝土使用钢纤维混凝土、聚酯纤维混凝土等)。

7.2 桥(涵)台和支挡构造物排水

本节新增2条内容,将原规范7.2.2条和7.2.3条内容合并修订为7.2.2条,同时增加了1款规定。

7.2.1 桥(涵)台台背和支挡构造物墙背宜采用透水性材料回填,严寒地区和浸水挡土墙应采用透水性材料回填。桥(涵)台和路肩挡土墙回填料表面应采取在回填区外设置拦截地表水流入的沟渠、回填料顶面夯实或铺设不透水层等措施防止地表水渗入。

7.2.1 桥台和支挡构造物的台背或墙背回填料宜采用透水性材料,回填料表面应采取措施防止地表水渗入。

本条是在原规范7.2.1条基础上经过补充修订完成的。

桥(涵)台和支挡构造物排水的目的在于疏干台后或墙后回填料中的水分,防止由于积水而使台身或墙身承受额外的静水压力、黏性土填料浸水后的膨胀压力或者严寒地区的冻胀压力。采用透水性回填料,可以大大减小上述情况下产生的各种压力。台背或墙背回填材料通常可采用当地的透水性土、风积砂和砂砾等,也可采用水泥稳定碎石、水泥稳定土、石灰土、二灰土等无机结合料稳定材料或者土工合成材料加筋体等。确有必要时,可根据具体情况采用陶粒混凝土、轻质泡沫混凝土、级配橡胶颗粒、发泡聚苯乙烯(EPS)夹层等新型材料。桥(涵)台和路肩挡土墙回填料表面应采用各种防止地表水下渗措施,如在回填区外设置拦截地表水流入的沟渠,回填料顶面夯实或铺设不透水层等。这些措施可以降低回填料内的含水率。

7.2.2 台背或墙背回填透水性材料时,应在台身或墙身设置泄水孔排水。回填料透水性不良、回填区渗水量大或有冻胀可能时,可选用下列排水措施:

1 在台背或墙背与回填料之间设置由透水性材料组成的连续排水层。排水层

的厚度应不小于300mm，其顶部应采用300～500mm厚的黏土等不透水材料进行封闭。

2 沿台背或墙背铺设排水板等土工复合排水材料。以排除填土积水为主时，复合排水材料可满铺或以1～2m的间距沿台背或墙背布设；以排除地下渗水为主时，应通过有关流量计算确定排水材料的布设间距和数量。

3 沿台背或墙背的底部纵向设置内径100～150mm的软式透水干管，每隔2～3m竖向设置内径50～80mm的软式透水支管。

4 在填料内根据实际需要设置若干层水平向排水夹层。夹层厚度不应小于300mm。

7.2.2 回填料为透水性材料时，可采用仅在台身或墙身设置泄水孔的简易排水措施。

7.2.3 回填料为透水性不良的材料、回填区渗水量大或有冻胀可能时，可选用下列排水措施：

1 在台背或墙背与回填料之间设置由透水性粒料组成的连续排水层，排水层的厚度不小于30cm，其顶部用30～50cm厚的不透水材料（如黏土）封闭。

2 沿台背或墙背的底部设置厚30～40cm、高50cm的纵向排水渗沟，并间隔4～5m设置厚30～40cm、宽30～40cm的竖向渗沟，其顶部用30～50cm厚的不透水材料封闭。渗沟由透水性粒料筑成。

3 沿台背或墙背的底部纵向设置内径10～15cm的软式透水干管，并间隔2～3m竖向设置内径5～8cm的软式透水支管。

本条是在原规范7.2.2条和7.2.3条基础上修订的，补充了第4款的规定。

采用透水性回填料时，由于自由水可在回填料内较快地渗流，因而只需在台身或墙身上布置泄水孔，使回填料中的自由水有个出路，能流出台身或墙身。当台背、涵背及挡土墙墙背采用的回填材料透水性不良，回填区渗水量大或有冻胀可能时，可以根据实际情况选取设置竖向连续排水层、渗沟、软式透水管和水平排水夹层等措施。

为减少台身或墙身上的压力，可在回填料与台身或墙身之间夹一层透水性粒料(砂或砂砾),使回填料中渗出的水可以通过此透水层迅速由泄水孔排出。根据渗水量的多少,此粒料透水层可以是在整个台背或墙背连续铺筑的,也可以是由纵向和竖向条形渗沟组成的。近来有采用软式透水管替代纵向和竖向渗沟的改进方案。软式透水管可由经磷酸防锈处理并外覆聚氯乙烯的钢丝作内骨架,外面包裹起反滤作用的无纺土工布和透水的尼龙土工织布,它应具有足够的耐压扁能力及透水性和反滤作用。为防止回填料顶面的表面水沿台后或墙后透水层下渗,对透水层的顶面和底面应采用不透水材料予以封闭。水平向排水夹层由砂砾或碎石等透水性材料构成,厚度一般为 300 ~ 500mm,层数根据需要设置。

7.2.3 泄水孔可采用塑料管或铸铁管等,直径宜为 50 ~ 100mm,安置时应向下倾斜 3% ~ 5%,进水口处应采取反滤和防堵措施。泄水口间距宜为 2 ~ 3m,上下排交错布置,最低一排出水口应高出墙前地面、常水位或边沟内设计水位 300mm 以上。挡土墙墙趾应采取防止泄水孔水流冲刷地表或基础的措施。

7.2.4 泄水孔由埋在墙身内的塑料圆管组成,直径 5 ~ 10cm,向墙面倾斜 3% ~ 5%。进水口处周围 50cm 范围内应采用具有反滤作用的粒料覆盖。泄水口的间距一般为 2 ~ 3m,上下排交错布置,最低一排出水口应高出墙前地面、常水位或边沟内设计水位 20 ~ 30cm 以上。

本条是在原规范 7.2.4 条基础上经过补充修订完成的,文字稍有变动。补充了“挡土墙墙趾应采取防止泄水孔水流冲刷地表或基础的措施”的内容。

为防止泄水孔被渗流中携带的细料所堵塞,排水孔道进水口处用透水土工布包裹(适用于塑料排水管)或设置有孔铁板(适用于铸铁或钢排水管),并在周围 0.5m 范围内设置粗粒料的反滤层。泄水口的间距宜为 2 ~ 3m,干旱地区可酌情增大,多雨地区可适当减小。泄水孔上下排交错布置,最低一排出水口应高出墙前地面、常水位或边沟内设计水位 0.2 ~ 0.3m 以上。为了防止挡土墙墙趾前的地面遭受泄水孔排水的冲刷,挡土墙墙趾处应采取必要的防冲刷措施。

7.2.4 挡土墙的背面有地下水渗入时,应在后部和底部增加排水层。排水层可采用级配碎石或级配砂砾,厚度不宜小于0.5m,必要时可在进水面铺设土工织物反滤层,防止淤塞。

本条为新增内容。

地下水渗入挡土墙内部的填料后,在水作用下将使墙体所受的压力增大,下渗水还会软化挡土墙的地基;对于加筋土挡墙,还会影响加筋带的受力和使用寿命。因此提出条文要求。

7.2.5 当由于地形情况有可能产生流向挡土墙的斜坡径流时,应采取截水、疏导和防水等措施。相关措施应与坡面防排水体系相协调。

本条为新增内容。

7.3 隧道排水

本节为新增内容,共8条。增补隧道排水设计内容使公路排水设计结构体系更加完善。

7.3.1 隧道排水系统应与隧道主体工程和交通安全设施紧密结合,根据地质条件、地下水发育及补给情况,合理确定排水设施设置位置和各部位尺寸。应避免地下水过分排放对环境的影响。

7.3.2 隧道洞顶存在积水洼地时,宜设洞顶排水沟疏导引排,洼地宜填平,防止再次积水。对经过洞顶的天然沟槽或输水渠道、水工隧洞等排水设施,宜进行铺砌。对易发生积水下渗的废弃坑穴、钻孔等应填实封闭。

为减少或防止地表水下渗,对洞顶存在的积水洼地,宜设洞顶排水沟疏导引流,洼地应填平,防止积水;对经过洞顶的天然沟槽或输水渠道、水工隧洞等排水设施,凡对隧道有影响时,宜将沟床铺砌,防止水流下渗;对易发生积水下渗的废弃的坑穴、钻孔等,应填实封闭。

7.3.3 隧道衬砌防排水设施应符合以下规定：

1 采用复合式衬砌时，应在初期支护与二次衬砌之间设置防水板及无纺土工布，并设置系统盲管。

2 二次衬砌混凝土应满足抗渗要求，二次衬砌的施工缝、沉降缝和伸缩缝应采取防水措施。

3 在衬砌两侧边墙背后底部应设沿隧道的纵向排水盲管，沿衬砌背后环向应设置导水盲管，集中出水处应单独设置竖向盲管。

4 环向盲管、竖向盲管应与边墙底部的纵向排水盲管连通，纵向排水盲管应与横向导水管连通。

5 当隧道位于常水位以下，且不易排泄时，应采用抗水压衬砌结构。

6 无法检修的排水设施应考虑地下水中矿物质析出对排水能力的影响。

隧道衬砌防排水应满足以下具体规定：

(1)在初期支护与二次衬砌之间，设置由防水板与无纺布组成的防水层，以防止地下水渗漏进入衬砌内。由于地下水水量、流向等在隧道施工和营运期间可能有所变化，在施工期间无水或少水的隧道并不能保证在营运期间也无水或少水，故在施工期间无水或少水的隧道中，考虑到耐久性，也应设置防水层。防水层的技术要求如下：

①无纺布密度不小于300g/m^2；

②防水板应采用易于焊接的防水卷材，厚度不小于1mm，接缝搭接长度不小于100mm。

(2)二次衬砌既是隧道结构的重要组成部分，又是隧道防水的屏障。提高混凝土的密实性，既是二次衬砌本身耐久性的要求，也是增强二次衬砌自防水能力的保证。为此，规定二次衬砌混凝土应满足抗渗要求。二次衬砌施工缝、伸缩缝、沉降缝等是防渗漏水的薄弱环节。可靠的防水措施是精心设计的结果，应严格按照施工规范要求操作，采用合适的防水材料和构造形式。

(3)衬砌背后边墙脚设全隧道贯通的纵向排水盲管(沟)是为了将衬砌背后的地下水汇集到衬砌最低位置，并可沿隧道纵向排水。在衬砌背后应设置环向、竖向导水盲管(沟),使衬砌背后形成环向、竖向导水通道。环向导水管是沿拱墙背整环连续铺设;设置间距应根据出水量大小、出水面情况确定,间距不应大于20m。即使施工期间没有地下水,也必须每20m设一道环向导水管。这是因为,隧道衬砌施工完成后,衬砌背后地下水可能发生改变。当地下水量较大、有集中出水点时,设置间距应加密。竖向导水管是从拱墙某一出水位置向下铺设到墙脚与纵向盲沟相连。环向导水管、竖向导水管管径应不小于50mm。

(4)排水管、导水管相互连通是衬砌背后地下水迅速排出的重要条件。盲管(沟)用无纺布包裹是为了防止岩土颗粒进入盲管(沟),起滤水作用。

当衬砌背后采用防水板时,在防水板背后应设无纺布,利用无纺布良好的导水和滤水特性,使地下水能迅速汇集到边墙脚纵向排水盲沟(管)。衬砌背后导水管布设密度有限,通常采用透水型盲管,这样水既可以进去也能出来。无纺布沿拱墙衬砌背满铺,利用水的毛细作用,通过无纺布纤维将地下水导入纵向排水盲沟;同时,无纺布又可作为围岩和防水板的缓冲垫层,防止围岩棱角和尖锥刺破防水板,起保护防水板的作用。试验表明,无纺布与防水板黏合成一体铺设,其滤水和导水性能大大降低,起不到应有的作用,所以无纺布不得与防水板黏合在一起。有时候为了施工方便,无纺布和防水板一次铺设,只能分点黏结,每平方米1个黏结点,每点的黏结面积不大于25cm^2。

(5)当隧道位于常水位以下,没有条件排泄或不宜排泄时,隧道衬砌要承受一定的静水压力,应采用抗水压力的衬砌结构。

7.3.4 隧道内排水应符合以下规定:

1 隧道内路面两侧应设置路侧边沟,边沟纵坡宜与隧道纵坡一致。

2 路侧边沟可采用带泄水孔的盖板沟或缝隙式边沟,如图7.3.4 a)、b)所示。

3 路侧边沟应设置沉沙池、滤水箅,沉沙池间距宜为25~30m。边沟盖板可采用钢筋混凝土、铸铁或钢筋加强型复合材料,其强度及配筋量应根据计算确定。

4 检修道或人行道的道面宜设0.5%~1.5%的横坡,必要时还可在墙脚与检修道交角处设宽50mm、深30mm的纵向凹槽,排水槽细部如图7.3.4 c)所示。

5 预制边沟拼接处应采取有效的防渗措施。

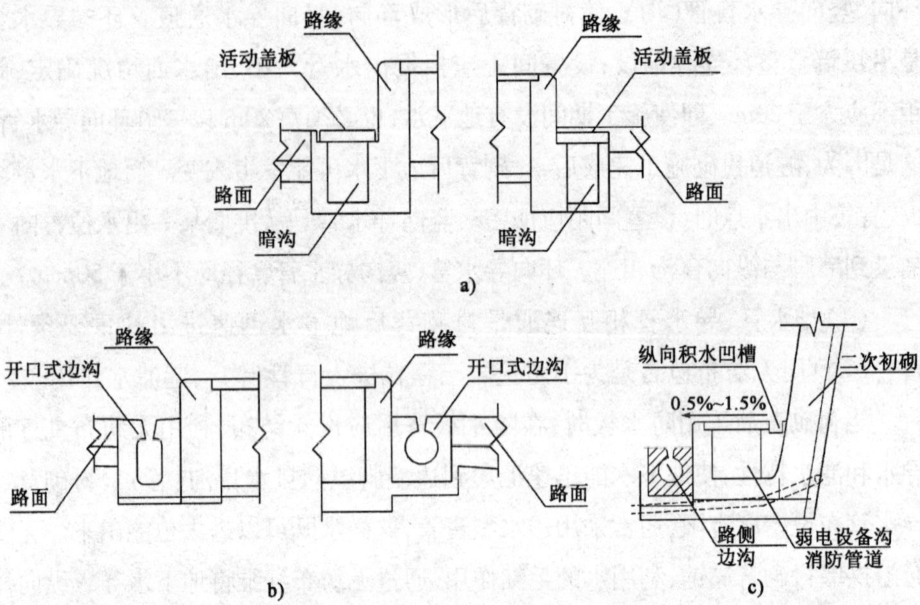

图 7.3.4　隧道内边沟排水布设示意图

a)开口缝隙式明沟;b)盖板沟;c)排水槽细部

隧道内排水应满足以下具体要求:

(1)路侧边沟主要引排营运中隧道内清洗污水、消防污水和其他污水,电缆沟内的集水也应引入路侧边沟。当隧道内没有设中心水管(沟)时,衬砌背后的地下水也可通过边沟排水,这时,路侧边沟底宜低于路面垫层,避免边沟水对路面结构产生不利影响。《公路工程技术标准》(JTG B01—2003)规定隧道纵坡应大于0.3%,是为了排水的需要。洞内纵向排水沟坡度与隧道路线坡度保持一致,是为了避免加深或减小边沟深度,保持正常过水断面不变。

(2)路侧边沟常用的形式有开口式明沟和暗沟两种。开口式明沟便于清洗,不易淤积,不需要设沉砂池,采用预制,施工速度快。缺点是预制块间的接缝不易保证不漏水。盖板式暗沟沟身可以现浇,也可以预制,边沟盖板有活动盖板和固定盖板两种。活动盖板施工简单,清洗方便,可以不设滤水箅,由盖板接缝滤水,宜设沉砂池,缺点是对行车不利;固定盖板对行车有利,但边沟淤积不便疏通,为此应设沉砂池和滤水箅。

7.3.5 隧道路面结构底部排水设施应符合以下规定：

1 路面结构底面应设不小于1.5%的横向排水坡度。

2 路面结构下宜设纵向中心水沟，当有仰拱时，石质围岩段中心水沟可设于仰拱之上，土质围岩段应设置于仰拱之下。地下水量不大的中、短隧道可不设中心水沟。

3 中心水沟的沟槽可采用梯形或矩形断面，排水管可采用钢筋混凝土管或玻璃钢管，如图7.3.5-1所示。断面尺寸应根据设计流量按第9章方法计算确定。

4 中心水沟纵向应设沉淀池，设置间距宜为50m。应根据需要设置检查井，设置间距不应小于250m。

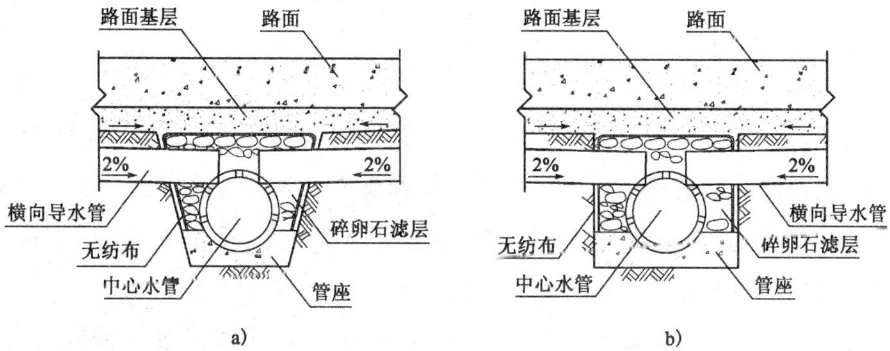

图7.3.5-1 中心水沟

a)梯形沟槽；b)矩形沟槽

5 路面结构下应设横向导水管连接中心水沟的排水管与衬砌墙背排水盲管；未设中心水沟时，横向导水管应一端与路侧边沟或者其下专门设置的路侧水沟(管)相接，另一端与衬砌墙背排水盲管连接。横向导水管的直径不宜小于100mm，横向坡度不应小于2%。

6 设有中心水沟的隧道，横向导水管的纵向间距宜为30～50m，如图7.3.5-2所示；未设隧底中心水沟时，横向导水管的纵向间距不宜小于10m。横向导水管与墙背排水盲管应采用三通连接。

路面结构底部排水应满足以下具体要求：

(1)路面底部横向设一定的排水坡度，有利于地下水迅速排入中心水沟，防止路面底积水，避免路面冒水破坏路面。

(2)国内外的工程实例表明，中心水沟对路面底积水疏导效果明显，且可

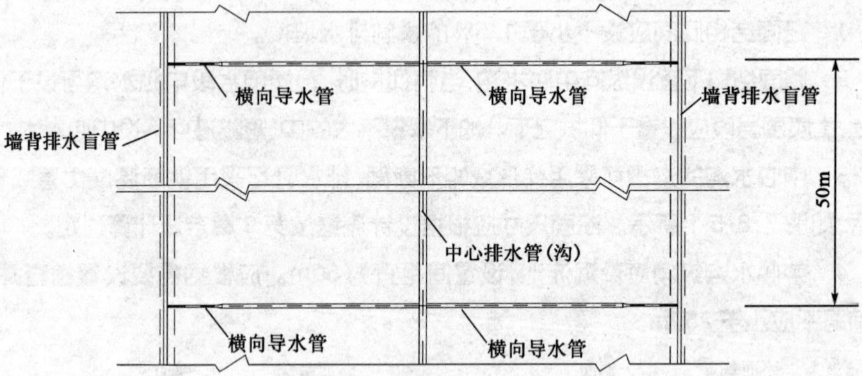

图 7.3.5-2　横向导水管的纵向间距

避免因设置深埋式侧沟引排地下水而导致衬砌边墙墙基加深、仰拱加深，同时也可以使衬砌背后的地下水经横向导水管通过中心水沟迅速排出。地下水量不大的中、短隧道可不设中心水管(沟)。中心水管(沟)断面尺寸应根据设计流量参照新规范 9.2 节所述方法计算确定。

(3)地下水可能夹带泥沙或沉积矿物质，中心水沟应设置沉沙池，间距 50m。检查井根据需要设置，间距不应小于 250m。

(4)隧道底设横向导水管是为了将衬砌背后的纵向盲沟与中心水沟连接起来，将衬砌背后的地下水引入中心水管(沟)。为了加快横向排水速度，横向导水管的最小排水坡取 2%，纵向间距应根据地下水量确定，一般可按 30～50m 设置，如新规范图 7.3.5-2 所示。横向导水管的两端应采用三通连接。

7.3.6　洞口与明洞防排水应符合以下规定：

1　明洞回填层顶面洞门墙背外应设排水沟，排水沟宜采用矩形断面，尺寸宜不小于 0.5m×0.5m；明洞槽边、仰坡外应设截水沟，截水沟应设置在开挖线 3m 以外，可采用矩形或梯形断面。排水沟、截水沟迎水一侧沟壁不宜高出坡面。

2　当洞口向外的路线为上坡时，宜沿路线方向反坡排水。当地形条件限制，反坡排水有困难时，应在洞口设置有流水箅的横向路面截水沟，阻止洞外路面水流入隧道内。必须通过隧道路侧边沟排水时，隧道内的路侧边沟应保证有足够的过水断面。

3 明洞顶部应设置必要的截水、排水系统；回填土表面宜铺设隔水层并与边坡搭接良好；靠山侧边墙底或边墙后宜设置纵向盲沟，将水引至边墙泄水孔排出；衬砌外缘应敷设外贴式防水层；明洞与隧道接头处的混凝土应进行防水处理。

洞口与明洞防排水应满足以下具体规定：

(1)为防止地表水冲刷洞口和洞口边、仰坡的水流入隧道，应在明洞回填层顶面洞门墙背设排水沟；明洞槽边、仰坡开挖线3~5m以外设截水沟。排水沟一般采用矩形断面，尺寸为500mm×500mm；截水沟可采用矩形断面，也可采用梯形断面。洞口水沟应不渗漏才能起到截排水的作用，并将洞口边、仰坡地表水引至洞口以外。排水沟、截水沟迎水一侧沟壁不能高于坡面。

(2)洞外的水不应流入隧道，避免将洞外泥沙和杂物带入洞内，阻塞洞内排水系统。当洞口方向的路线为上坡时，一般可沿路线方向反坡排水；当地形条件限制，反坡排水有困难时，最好在洞口设置有流水箅的横向路面截水沟，阻止洞外路面水流入隧道内。必须通过隧道排水时，隧道内的路侧边沟应保证有足够的过水断面。

(3)明洞顶部应设置必要的截水、排水系统；回填土表面宜铺设隔水层并与边坡搭接良好；靠山侧边墙底或边墙后宜设置纵向盲沟，将水引至边墙泄水孔排出；衬砌外缘应敷设外贴式防水层；明洞与隧道接头处的混凝土浇筑应严格按照新旧混凝土施工规则的要求实施，做好防水处理。

7.3.7 当地下水发育且有长期补给来源时，除设置盲沟和中心水沟外，尚可增设辅助坑道或泄水洞等排水设施。

当地下水水量很大时，仅靠盲沟和中心水沟不能迅速排泄丰富的地下水，这时应根据实际情况设置或利用辅助通道与泄水洞等作为截、排水设施，降低地下水位。有侵蚀性地下水时，应针对不同的侵蚀类型采用不同的抗侵蚀混凝土和抗侵蚀性的防水卷材，防止混凝土结构遭侵蚀而影响结构强度，失去防水能力。对待侵蚀性的地下水要因地制宜，尽可能采用多道防线达到防侵蚀的目的。

7.3.8 当地下水有侵蚀性时，应采用铺设抗侵蚀防水层等措施，避免地下水侵蚀隧道结构。易受地下水侵蚀部位宜采用相应的抗侵蚀混凝土。

7.4 下穿道路排水

新规范为9条，较原规范增加了4条。

7.4.1 下穿道路应根据下挖深度和排水条件合理确定排水方案，避免因排水不畅对通行的影响。下穿道路有良好排水条件时，可只对构造物内路面和边沟进行铺砌，防止冲刷。平原地区下挖道路宜设置完善的排水系统。

7.3.1 对于下穿道路，应重视下挖段的排水设计，避免雨季积水，影响车辆及行人正常交通。

本条是在原规范7.3.1条基础上修订的。

7.4.2 下穿道路在下挖段的上游端，可设置泄水口、排水沟等排水设施，拦截和引排上游方向的地表水，减少地表水流入下挖段。必要时可设置雨水棚引排降水。

7.3.2 在下挖段的两端，应设置泄水口、排水沟等排水设施，拦截和引排上游方向的地表水，以减少地表水流入下挖段。

本条是在原规范7.3.2条基础上修订的，文字稍有变动。补充了“必要时可设置雨水棚引排降水”的规定。

下穿道路的下挖段，两端大都采用下倾的纵坡。为减少地表水流入下挖段，应在进入下挖段之前，通过设置泄水口或排水沟将边沟内汇集的表面水引排到下挖段的两侧以外，必要时可以考虑设置雨水棚。

7.4.3 在上跨构造物范围内的下穿道路最小纵坡不宜小于0.3%，纵断面的最低点宜布置在洞口外。

7.3.3 下穿道路在上跨构造物洞口内的最小纵坡不宜低于0.15%～0.30%，纵断面的最低点宜尽可能布置在上跨构造物洞口外。

本条是在原规范7.3.3条基础上修订的,文字稍有变动。

为便于下穿道路的排水,宜将最低点设在上跨构造物洞口外;同时,为使洞口内下穿道路的表面水能较迅速地流向最低点,该段道路应具有一定的纵坡。

7.4.4 排水条件不良时,应在纵断面最低点处设置排水沟或地下排水管将水引排到邻近的低地、水沟或蒸发池、渗透池。有条件时,可在最低点处设置集水井。

本条为新增内容。

7.4.5 在上跨构造物范围内的下挖段边沟应加大过水断面面积,并宜采用带盖板的矩形边沟。盖板可采用钢筋混凝土、铸铁或钢筋加强型复合材料,其强度和配筋应根据计算确定。盖板上宜设置槽孔。

7.3.4 下挖段的路肩宜采用较大的横向坡度。在上跨构造物洞口内的下挖段边沟应加大过水断面面积,并宜采用矩形横断面,顶上加盖带槽孔的混凝土板。在最低点处设置集水井,并布设地下排水管,将汇集的水引排到邻近的低地或水沟内。

本条是在原规范7.3.4条基础上修订的,文字稍有变动。

为使下挖段路面表面水迅速向两侧排流,可适当增大路肩的横向坡度。洞口内下挖段的边沟增大过水断面,可以减少该段道路出现积水的几率。而采用加盖混凝土板或铸铁箅子的边沟,可方便行车和行人的通行。如果不可避免将纵坡最低点设在下穿道路洞口内,则需要在最低处设置集水井,并通过地下排水管将将雨水引至低洼地、其他水位标高较低的水体,或者引至专门的蒸发池自然蒸发。地下排水管的尺寸可根据新规范第9章所述的方法计算确定,蒸发池的设计应符合新规范3.0.14条有关规定。

7.4.6 平原区当地下水位较高且下挖段汇集的水无法及时排出时,可采用水泵应急排水,水泵的型号应按排水量和扬程的要求选择。重要的下穿道路,宜设置用于应急排水的泵站。下穿道路两侧的地下水应采取封闭措施。

7.3.5　地下水位较高的平原区，下挖段汇集的表面水无法排出时，应设立泵站，使用水泵排水。水泵的型号应按排水量和扬程要求选择。重要的下穿道路，每个泵站应至少配置2台水泵。

本条是在原规范7.3.5条基础上修订的，文字稍有变动。补充了“下穿道路两侧的地下水应采取封闭措施”的规定，使设计更合理、完善。

下穿道路的排水应尽量采用自流的方式排除。在地下水位高的平原区，或者当下挖的下穿道路采用自流排除发生困难时，应采用水泵排水。水泵房的设置需要考虑周围的地形、排放地的位置和供电情况，要确保专人管理和设备完好。当下穿道路为高等级公路或者非常重要时，流量、扬程、泵房、集水池和出水设施的设计应参照现行国标《室外排水设计规范》(GB 50014)或《泵站设计规范》(GB 50265)的有关规定执行。对于其他公路，由于下穿道路的排水量不太大但较集中，短时间抽升量约0.5～1.2m^3/s，一般可选用8～12英寸(20.3～30.5mm)的水泵。同时，抽水的扬程较小，可选用常用的农业排灌水泵(轴流泵或混流泵)。泵站配备至少两台水泵，可针对不同的排水量要求，分别使用小泵或大、小泵。水泵站集水池应当布设在地势相对低洼的合理位置，集水池的设计最高水位应与进水管管顶相平，其容积不应小于最大一台水泵5min的出水量。进入集水池的雨水均需通过格栅。集水池的布置，应考虑改善水泵吸水管的水力条件，减少滞流或涡流。

在地下水位高的平原区，对下穿道路两侧的地下水应当采取诸如土工膜覆盖、灰土垫底等封闭措施，以便减少地下水向下穿道路两侧的排水系统汇集。

7.4.7　平原区地下水水位较低且地层土质渗透性好的路段，当下穿道路排水困难时，可采用集水渗滤方式，将水排至地下深层。多年冻土、黄土地区不得采用集水渗滤方式排水。采用集水渗滤方式时，应符合以下规定：

1　当汇水量较小、地下水位较低时，可设置渗透池集水渗滤。渗透池底部应在地下水位之上。

2　当汇水量较大、地下水位较低时，可采用渗透池和小渗井组合的方式集水渗滤。

3　当汇水量较大、浅层地下水位较高时，可采用沉淀池和穿透隔水层的小渗井组合的方式集水渗滤。小渗井宜置于沉淀池底部中央，井口高于沉淀池底部不小于1m。

本条为新增内容。

根据华北地区的经验，在降雨量、地下水位、水文地质和土质（具有渗透系数大于 10^{-4}cm/s 的土层）都比较合适的情况下，可以考虑设置环保、有效的集水净化渗滤系统，如图 7-1 所示。

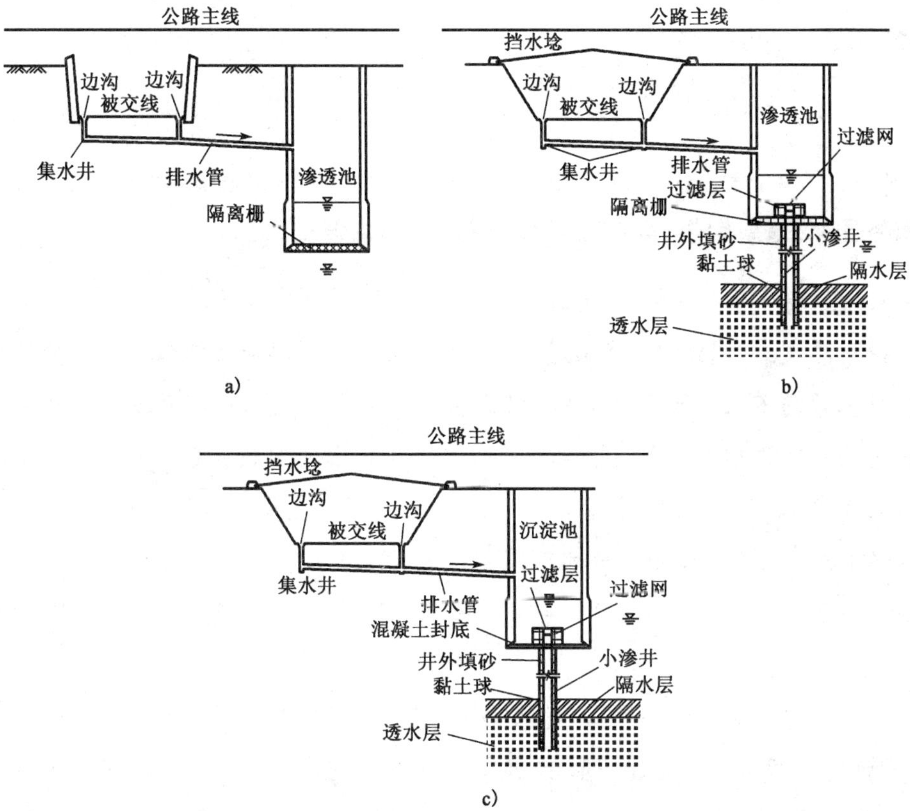

图 7-1　净化渗滤排水示意图

7.4.8　集水渗滤排水的设计应符合以下规定：

1　渗透池或沉淀池的尺寸应根据下穿道路汇水面积、设计重现期计算确定，宜能储存半个月汇入池中的水量。

2　横向排水沟、管进入渗透池或沉淀池的入口处应设置孔径不大于 2mm 的双层过滤铁丝网。

3　渗透池和沉淀池可采用钢筋混凝土管、防腐钢波纹管或玻璃钢管。渗透池底部应设置过滤层，采用蛭石过滤层时，厚度不宜小于0.5m。渗透池内壁应设置爬梯。

4　小渗井可采用内径不小于100mm的玻璃钢管或防腐的钢管，井口高出池底不宜小于1m。高出池底部分外侧和顶部应设置反滤层，反滤层宜采用抗光老化的土工布。小渗井伸入透水层部分应在井壁上布孔，外侧应用砂网过滤，砂网空隙直径宜为1mm。

本条为新增内容。

7.4.9　气候干旱、排水困难的路段，可结合公路建设取土和农田水利等工程，在下穿道路两侧设置蒸发池。蒸发池的设计应符合第3章有关规定。

4.4.15　气候干旱、排水困难地段，可利用沿线的集中取土坑或专门开挖的凹坑修筑蒸发池，以汇集路界地表水，并通过蒸发和渗漏使之消散。蒸发池边缘距路基边沟不应小于5m，面积较大的蒸发池不得小于20m。蒸发池同边沟或排水沟之间设排水沟相连。池中水位应低于排水沟沟底。池的容量应以一个月内地表水汇入池中的水量能及时完成渗透和蒸发作为依据，但每个池的容量不宜超过200～300m^3，蓄水深度不应大于1.5～2.0m。

本条是在原规范4.4.15条内容基础上修订的。删除了有关蒸发池的具体设计规定。

当下穿道路处于平原区、地形平坦没有出水口时，如果该地区的降雨量不大，则可以考虑将公路建设取土、地方农田水利建设等与下穿道路排水统一考虑，将下穿道路两侧下挖，使之形成蒸发池，从而改善下穿道路的排水条件。

7.5　沿线设施排水

本节为新增内容，共5条。增补沿线设施排水设计内容，使公路排水设计更加系统和完善。

7.5.1　收费站、服务区、停车区和养护管理站等沿线设施的排水设计，应按照因地制宜、达标排放的原则确定排水系统的组成，合理选择污水处理方案。有条件时，宜采用雨水与污水分开排放的方案。

7.5.2 沿线设施的污水排放应符合以下规定：

1 水环境强敏感和中等敏感路段，沿线设施排放的污水应达到现行《污水综合排放标准》（GB 8978）一级以上标准。

2 水环境弱敏感路段，沿线设施排放的污水应达到现行《污水综合排放标准》（GB 8978）二级以上标准。

3 沿线设施污水处理后用于农田灌溉时，应符合现行《农田灌溉水质标准》（GB 5084）的规定。

4 沿线设施污水处理后用于再生利用时，其水质应根据具体用途满足城市污水再生利用系列国家标准的要求。

7.5.3 洗车台（场）、加油站应设置污水处理系统，污水排放前应经过处理并满足相关标准要求。

7.5.4 沿线设施的雨水汇集、排放设计应按照本规范第4～6章的有关规定进行。

7.5.5 公路沿线设施的排水设计应与主线排水系统有机结合，经处理合格的污水可通过主线排水系统排放。

8 特殊地区及特殊路段排水

本章为新增一章,由6节47条构成。具体为:8.1节多年冻土地区为8条;8.2节膨胀土地区为7条;8.3节黄土地区为8条;8.4节盐渍土地区为8条;8.5节滑坡路段为9条和8.6节水环境敏感路段为7条。

8.1 多年冻土地区

8.1.1 多年冻土地区地表、地下排水设施设计应考虑多年冻土地区的特殊性,避免排水设施或排水不良对冻土稳定性的影响。排水设施宜远离路基坡顶或坡脚,必要时应采取防渗、防冻及保温措施。

按保护多年冻土原则进行排水设计时,要考虑水在地基中渗流的影响。由于排水不畅,坡脚积水或地表水下渗会引起多年冻土上限下降,进而使路基产生严重沉降,因此要采取措施迅速排除地面水,以防止在路堤坡脚附近积水和产生地基渗流。保温材料宜尽量采用当地天然材料,如草皮、泥炭、黏土等,必要时可采用其他工业保温材料。

8.1.2 多年冻土地区应查明路线经过区域多年冻土的特性及水文地质等情况,给排水设计提供翔实、可靠的资料。对沼泽、冰丘、冰锥、热融湖(塘),应详细调查其范围、规模、发生原因及发展趋势。

根据体积含冰量,多年冻土可分为少冰冻土、多冰冻土、富冰冻土、饱冰冻土和含土冰层。根据冻土含冰量与年平均地温,多年冻土可分为稳定、基本稳定和不稳定冻土,具体参见《公路路基设计规范》(JTG D30—2004)第7.11节和附录C的有关规定。多年冻土地区,公路排水设计调查应收集包括冻土分布、类型、冻土上限、工程地质、水文地质和地形、地貌情况的全部资料。

8.1.3 高含冰量冻土地段，路基所处地形一侧较高或挖方边坡一侧的山坡汇水面积较大时，宜设置挡水埝，防止坡面水漫流。挡水埝的顶宽不宜小于1.0m，高度不宜小于0.8m，内侧边坡坡度宜为1:0.5～1:1，外侧宜为1:1.5～1:2。必须采用开挖式排水设施时，宜采用宽浅的断面形式，排水沟的底宽不宜小于0.6m，边坡坡度不宜陡于1:1，必要时可用草皮或黏性土进行加固。

当路基所处地形一侧较高或挖方边坡一侧的山坡汇水面积较大时，应考虑采用挡水埝排水，如修挡水埝的土源比较困难，也可设截水沟。

排水沟的断面尺寸，应根据计算确定，具有足够的过水能力。为避免冻土上限下降，防止淤塞和便于清理，宜采用浅宽的截面形式。

在厚层地下冰和冻土沼泽地段，宜采用挡水埝代替排水沟，不破坏地表植被，对保护多年冻土有利。在纵向起伏又不宜深挖排水沟的地段，可考虑排水沟与挡水埝结合使用，但排水沟的边缘至挡水埝坡脚的距离不宜小于2m，以保证排水系统的完整与稳定。

8.1.4 排水沟、截水沟、挡水埝内侧边缘至保温护道坡脚、堑顶或路堤坡脚的距离应符合以下规定：

1 富冰冻土、饱冰冻土地段不宜小于10m。

2 含土冰层地段不宜小于8m。

3 少冰与多冰冻土地段不宜小于5m。

4 沼泽湿软地段不宜小于8m。

地表水的渗透是造成冻土融化、路基下沉的主要原因之一，因此，要求整个排水系统应与保温护道坡脚或堑顶或路堤坡脚（无保温护道）保持足够的距离，距离的大小与冻土的含（水）冰量成正比。

8.1.5 地表排水设施宜采用干砌片石或预制拼装等耐变形、耐冰冻的柔性结构。土质排水设施纵坡过大时宜采用铺草皮等措施加固。铺砌的排水设施底部宜设置灰土、三合土垫层或铺设复合土工膜，防止冲刷和渗漏。

浆砌片石在冻土地区抗冻性能较差，易产生开裂松动，因此需要采用M10

以上的砂浆强度等级。多年冻土地区的排水设施应优先考虑采用预制混凝土、片石干砌或现浇混凝土结构,其底部用灰土或三合土作垫层,以防止冲刷和渗漏。边坡急流槽宜采用适应变形、施工和维修方便的瓦片形预制拼装结构,其材料可以为水泥混凝土或陶瓷,具体可参考图8-1。

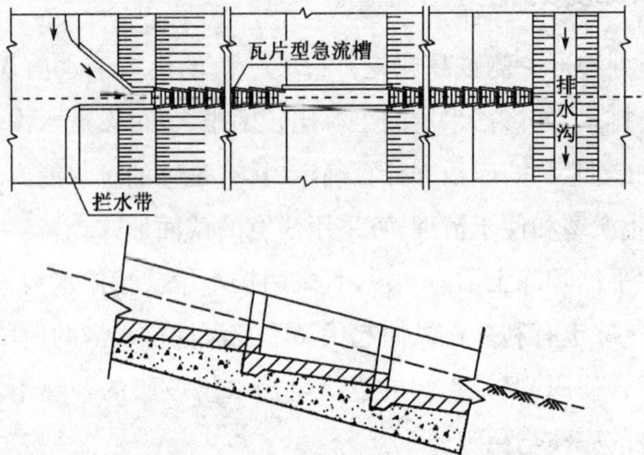

图8-1　预制拼装瓦片型急流槽

8.1.6　对无法引排的路基坡脚积水,宜设置护坡道隔离。护坡道的高度应高出积水最高水位不小于0.5m,宽度应不小于5m。

8.1.7　当地下水对路基有危害时,应根据地下水类型、水量、积水和地层情况,设置渗沟或冻结沟、积冰坑、挡冰堤、挡冰墙等设施排除地下水。当采用渗沟时,渗沟、检查井和出水口均应采取保温措施。出水口的位置宜选在地形开阔、高差较大、纵坡较陡、向阳、避风处。

8.1.8　当取土坑内部积水可能危及路基稳定时,取土坑内侧边缘至保温护道坡脚、堑顶或路堤坡脚的距离不宜小于10m。

8.2　膨胀土地区

8.2.1　膨胀土地区应按防止地表水、地下水渗入膨胀土体,避免土体膨胀导致路基破坏的原则进行排水设计。

8.2.2 膨胀土地区应查明沿线膨胀土分布范围、成因类型、干湿影响区、土体的结构层次、膨胀等级、地下水分布及埋藏条件等情况，给排水设计提供翔实、可靠的资料。

在工程地质性质方面，膨胀土除具有一般黏性土的物理化学性质外，最重要的特性是多裂隙性、超固结性、强膨胀性与收缩性和快速崩解性等。膨胀土的等级划分参见《公路路基设计规范》(JTG D30—2004)第7章的有关规定。膨胀土地区的公路病害与水有着直接的关系，因此，膨胀土地区的公路设计需要同时调查清楚土体的分布、分层、土体的膨胀等级和地形、地貌及水文环境等情况。

8.2.3 路床宜采用路面底层封闭隔水、路床换填不透水材料、铺设防水土工合成材料和渗沟排水等措施，防止路面表面水下渗。挖方路段路床换填深度应根据地下水发育情况确定，宜为0.8～1.5m。

8.2.4 路堑边沟宜较一般地区适当加宽、加深，边沟外应设边沟平台。截水沟与路堑坡顶之间应采取铺设防水土工合成材料等封闭、防渗措施。

边沟外设置平台，有利于坡脚稳定，也可保护坡脚免遭水浸，防止剥落物堵塞边沟。

河南省的经验证明，对于膨胀土地区，采用截水沟远离路堑坡顶的方式并不能有效解决截水沟和路堑坡顶之间地表土的渗水问题。该区域的渗水往往会导致边坡遇水膨胀而失稳，因此，本次修订将之前普遍采用的截水沟远离距路堑坡顶(10～15m)的习惯做法改为了对该区域的封水要求，封水的措施可以为防水土工膜或者一布一膜等。

8.2.5 路堑边坡宜设置支撑渗沟或柔性支护结构；路堑坡顶截水沟下宜设置渗沟截排浅层地下水；坡顶、渗沟底，以及渗沟靠边坡一侧应设置隔水层。

以长沙理工大学为首的科研机构承担的西部交通建设科技项目《膨胀土地区公路修筑成套技术研究》中，对于地下水位较高的膨胀土的滑坡路段或者需要及时排水、支护的路堑边坡，特别提出了具有综合防排水功能的柔性支护处治技术。该支护形式的结构如图8-2所示。

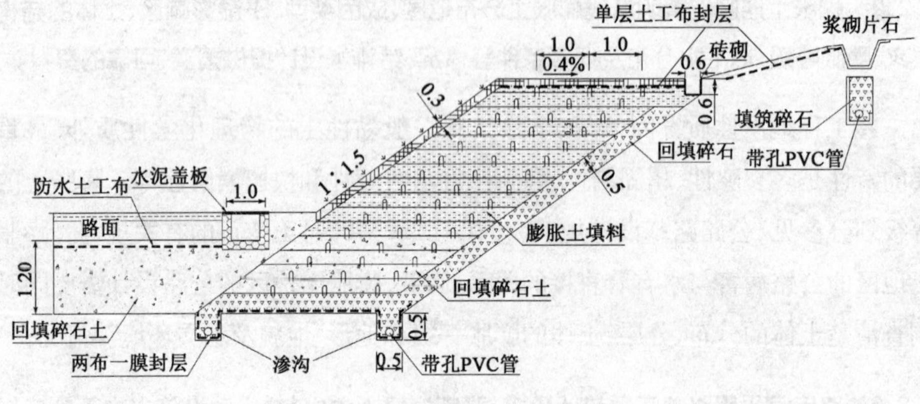

图 8-2　柔性支护结构(尺寸单位:m)

柔性支护是采用土工格栅分层摊铺锚固,回填非膨胀土或膨胀土压实形成足够厚度的柔性挡墙,再辅以坡顶的封闭、墙背及基底的排水处理的支护体系。其结构特征如下:

(1)土工格栅与填土之间的摩擦力和咬合力以及格栅的层间联结、反包可提供足够的抗剪强度,使加筋土体构成一个整体来抵抗边坡的作用。

(2)柔性挡墙允许边坡土体产生一定的变形,可释放开挖边坡的大部分应力和膨胀力,"以柔克刚"。

(3)坡率为1∶1.5、厚度大于3.5m、高度大于2/3坡高以上的的柔性墙体能覆盖新近开挖堑坡的主要坡面,其自重足以抵抗土压力的作用。

(4)足够的墙体厚度可隔绝和防止风化作用对坡体膨胀土的影响(大于有效活动层深度),阻止裂隙进一步发展和浅表层滑坍。

(5)各个防排水设施之间相互联系,形成了路堑边坡坡后、坡体、路基、路面、地表之间综合防排水体系。

8.2.6　地下水位较高的路段,宜在边沟下或坡脚挡土墙墙踵处设置渗沟。

8.2.7　地表排水设施宜采用预制拼装结构,并做好接缝防渗隔水。防渗可采用防水土工布(膜)等。当采用浆砌片石结构时,应做好基底隔水设计。

浆砌片石易出现裂缝,水渗入后,会加快膨胀土破坏。现浇混凝土结构强度高，封水性能好。预制拼接结构需要做好接缝防渗隔水，防渗可采用防水土工布(膜)等。

8.3 黄土地区

8.3.1 黄土地区应按防止地表水下渗、避免路基湿陷破坏的原则进行排水设计。

8.3.2 黄土地区应查明路线所处地貌单元及地表水、地下水和各种不同地层黄土的类型和湿陷等级等情况，给排水设计提供翔实、可靠的资料。

湿陷性黄土具有遇水强度急剧降低，湿陷、抗冲刷能力极差等水理特性，这是该地区公路排水要解决的主要问题。在进行公路排水设计调查时，要注重收集与黄土湿陷性等级、湿陷性类型、地形情况和地貌单元情况相关的系统的、完整的信息。

8.3.3 黄土地区排水设施的设计应符合以下规定：

1 排水沟渠的长度不宜超过300m，三角形和碟形边沟不宜超过150m，沟底纵坡坡度不宜小于0.5%，不应小于0.3%。出口部位宜设置消能设施并使水流散开流走，避免在出口形成冲刷或积水，防止湿陷破坏。

2 排水沟渠应采用现浇混凝土、浆砌混凝土预制块或浆砌片石，底部应采用塑料薄膜或复合土工膜防渗，基底应采用夯实、掺灰夯实等方法进行加固处治。

3 涵洞、急流槽、排水沟等出口应设置消力池(槛)、散流、跌坎、加糙、挑流等消能设施。

水对湿陷性黄土地区路基的影响特别大，是路基产生病害的主要原因，因此应采取有效的措施迅速排除地表水，即排水沟渠不宜过长，应以较多的急流槽和排水沟将地表水及时送出路基范围，沟渠设计纵坡宜大，以使水流尽快排走。出口部位宜设置消能设施并使水流散开流走，避免在出口形成冲刷或积水，防止湿陷破坏。若地基土具有强湿陷性或较高的压缩性，除采取防水排水措施外，还应考虑重锤夯实、石灰桩挤密加固、置换、隔水墙等措施，具体参照路基设计和地基处理的相关规范。

湿陷性黄土地区排水构造物最常出现的问题便是冲刷破坏及渗漏破坏，主要原因有接缝、基底、进水口和出水口的防渗、防冲刷处理不好。防渗、防冲刷处理措施主要有：

(1)基底加固处治：可采用冲碾、强夯、掺灰夯实等。

(2)混凝土、片石衬砌：混凝土衬砌是黄土排水渠道最好的衬砌形式，分就地整体式浇筑和预制板拼装两种。就地整体式浇筑接缝少，造价低，防渗效果好，耐久性强。而预制拼装和浆砌片石接缝太多，抗冻性差，易于破坏，有时整段鼓起滑下，应根据地形、地质情况采用，并做好防渗处理。

(3)塑料薄膜、复合土工膜防渗。

(4)进水口处理：各种排水构造物的进水口必须与水流方向一致。小桥涵进水口应铺砌，并有适当的导流和消能构造物。在地形特殊易滞水的地段，若黄土疏松、湿陷、有陷坑时，应重点处理，可采用深开挖、分层回填夯实，引水入涵。

(5)出水口处理：涵洞、急流槽、排水沟等出水口处理是黄土地区排水设计的一个难点，因处理不当而造成的病害非常普遍。应根据实际情况采用消能、减冲措施，如消力池(槛)、散流、跌坎、加糙、挑流等。

8.3.4　当填方高度小于2m时，应对基底进行石灰土改良、铺设防渗土工布等防渗处理。当填土地基地下水、泉水丰富时，应设置透水层。透水层可沿填土高度每隔3m设置一段，且每层应设置6%左右的横向坡度，并配置坡脚排水系统。

填方路基发生坍塌，除边坡较陡外，多因渗透水引起，且地下水位对路基稳定性的影响甚大。因此充分利用透水性好的现场开挖材料作为路基填料，设置透水层或地下渗沟，降低路基范围内的地下水位和采取必要的防渗措施，是防止填土坍塌破坏的基本方法。

根据陕西省交通厅世界银行贷款项目执行办公室与长安大学共同承担的西部交通建设科技项目《黄土地区公路路基设计施工技术研究》的科研成果，对于零填挖路基和填方高度小于2.0m的填方路基，受浸水影响较大，必须进行基底防渗处理和边沟排水设计；当填方高度在 2 ~ 3m 时，要考虑局部浸水对路堤沉降变形的影响，设置防排水工程措施；当填方高度大于 3m 时，降雨入渗以及浸水入渗均不会对基底产生影响，所以，对基底可不进行防渗处理。

根据研究成果可知：对于高度小于 2m 的路堤，路面水对路堤和地基变形产生的影响较大，因此应该对基底进行石灰土改良、铺设防渗土工布等防渗处理。

当填土地基地下水、泉水丰富时，必须设置透水层，以降低地下水位和孔隙水压，提高填土的稳定性。透水层可沿填土高度每隔 3m 设置一段，且每层设置 6% 左右的横向坡度；同时，设置坡脚排水系统。

8.3.5 填方路基的路面表面水宜采用设置拦水带、急流槽集中排放的方式排除。

黄土边坡易产生冲刷，在填土高度较高、汇水量较大的路段，其路面表面水宜采用拦水带配合急流槽集中排水的形式；在汇水量小的路段可采用分散排水，但需加强边坡防护。黄土地区的短历时强降雨时有发生，公路边坡的降雨冲蚀是边坡局部破坏的重要原因之一。为了应对降雨对于边坡坡面产生的局部破坏，应将排水和坡面防护工程一并考虑。

8.3.6 湿陷性黄土路段，沿线的蒸发池和集中取土坑的边缘距离路基坡脚应不小于 25m，并应采取重锤夯实、浆砌或铺筑土工合成材料等方法进行防渗处理。

8.3.7 对危害路基安全的黄土陷穴，应根据陷穴埋藏深度及大小采用开挖回填夯实及灌浆等方法处理，对可能进入陷穴的水流应采取设置截水沟、排水沟、渗沟和盲沟等措施拦截和引排。对危及路基安全的黄土冲沟，应对其采用沟头植树、铺砌等防护措施。

黄土陷穴是指地表水沿黄土中节理进行侵蚀、潜蚀，并把可溶性盐带走，使下部蚀空表层黄土崩陷而形成的洼地。它可分为漏斗状、竖井状和串珠状三种类型。陷穴的发育对沟头的伸展、谷坡的扩展有很大的作用。因此，对危害到路基稳定的黄土陷穴应进行处理。黄土陷穴的处理方法应根据陷穴埋藏深度及大小确定，可采用开挖回填夯实及灌浆等方法，处理宽度视公路等级而定。对流向陷穴的地表水和水量较大的地下水应采取截水沟、排水沟、渗沟和盲沟等拦截与引排措施。当周围黄土冲沟可能会造成溯源侵蚀而危害路基安全时，应采取在冲沟头植树、对冲沟进行工程防护等预防措施。

8.3.8 当路线附近灌溉可能造成黄土地基湿陷，影响路基安全时，可对路堤两侧坡脚外5～10m进行表层加固防渗处理或设侧向防渗墙。

8.4 盐渍土地区

8.4.1 盐渍土地区应按切断盐分迁移路线、保证路基稳定的原则进行排水设计。

8.4.2 盐渍土地区应查明路线经过区域盐渍土的分布范围、含盐类型和分级及地下水与地表水等情况，给排水设计提供翔实、可靠的资料。

盐渍土地区公路的排水设计，应调查和收集沿线的地形、地貌和水文地质情况，应研究和分析可能产生的溶蚀、盐胀等病害，合理确定设计方案。盐渍土地区的公路排水应保持通畅，使路基两侧不积水。积水无法避免时，应采取隔水、防渗措施。

8.4.3 下路堤采用盐渍土填筑的路段，路面表面水应采用设置拦水带、急流槽集中排放的方式排除。

8.4.4 中、强盐渍土路段，路基受到地面水或地下水影响时，填方路基应设置隔断层，挖方路基应根据水文地质条件适当超挖并回填水稳定性好的填料或设置隔断层。隔断层设计应符合以下规定：

1 隔断层可采用透水性材料，也可采用沥青、土工膜等不透水的材料。

2 当采用透水性材料修筑时，其厚度不宜小于300mm，并应在隔断层顶面及底面各铺设一层反滤层。

3 填方路段，高速公路、一级公路的隔断层应设置在路床之下；二级及二级以下公路，路堤隔断层应位于路面结构以下。挖方路段隔断层应在路面结构以下至少

0.3m。隔断层底面应高出地表长期积水位或边沟设计水位0.2m以上。

4 隔断层的顶面埋深应大于当地最大冻深。

隔断层应设在路堤一定深度处，是防止水分和盐分进入路基上部以及处理公路盐胀、翻浆病害的有效措施，如图8-3所示。隔断层可分为透水和不透水两种。土工合成材料、沥青砂、油毛毡属不透水性隔断层，可隔断下层毛细水和气态水的上升；砂砾和风积沙属透水性隔断层，只能隔断毛细水的上升。

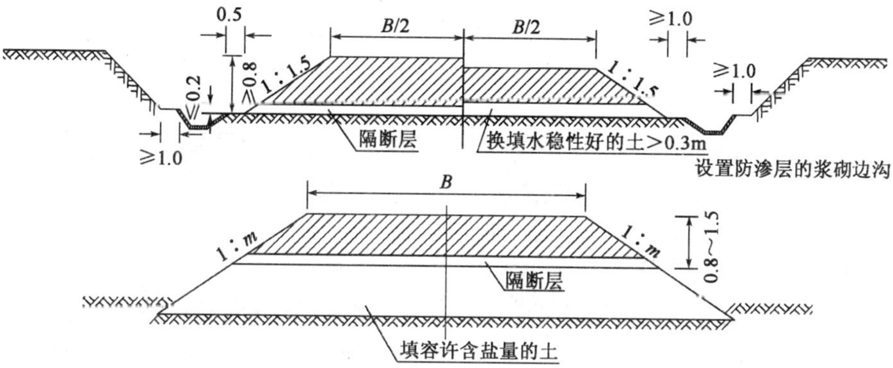

图8-3 盐渍土地区路基隔断层(尺寸单位:m)

实体项目中，土工合成材料隔断层由于具有施工方便、效果明显的优势，近年来的应用越来越广。土工合成材料常用的有复合土工膜或土工布。复合土工膜是由聚合物膜与土工织物加热压合或黏合而成，有一布一膜、二布一膜等不同品种。膜可以阻隔水分和盐分，土工织物可以保护土工膜。复合土工膜还能够承受一定的拉力和伸长变形，可以扩散土体的应力，限制土体侧向位移，对路基有一定的加固和稳定作用。盐渍土地区二级以上的公路，宜采用二布一膜，一般情况下，可以不设上下保护层。

8.4.5 地面排水困难、地下水位高或路侧有排、灌沟渠的路段，应在路基一侧或两侧设排碱沟，降低地下水位或截阻农业排灌渗漏水。排碱沟距路基坡脚应不小于2m，沟底应低于地表不小于1m，沟底宽不宜小于0.6m，纵坡不宜小于0.2%。无排水条件的路段，当地下水位较高时，宜设置反压护道隔水。

8.4.6 荒漠盐滩、耕地稀少的路段，可采用反压护道隔水或设置蒸发池。反压护道顶面应高出长期积水位 0.5m 以上。蒸发池边缘距路基坡脚宜大于 10m；当蒸发池水渗流对路基有影响时，池底与四壁宜作防渗处理。

西部干旱区采用蒸发池作为排水设施有较好效果。蒸发池边缘距路基坡脚宜大于10m，每个池的容量不宜超过300m^3，蓄水深度不应大于1m。如池水渗流对路基有影响时，池底与四壁宜作防渗处理。反压护道可以保护路基坡脚不受流水侵蚀，保证边坡稳定。

8.4.7　路侧设置取土坑时，取土坑底部应高出地下水位不小于 1m，坑底横坡宜外倾 2% ~3%，坑边缘距路基坡脚应不小于 5m。

8.4.8　通过干涸盐湖地段的低路堤可不设边沟。当盐湖地表下有饱和卤水时，宜设置排水沟和护坡道，护坡道宽度应大于 2m，排水沟可与取土坑、蒸发池联合设置。

通过干涸盐湖地段的路基应查明盐湖形成的条件、干涸过程、含盐特征、岩盐种类以及地下卤水水位等情况。当盐湖地表下有饱和卤水时，为了尽快降低卤水水位，宜采用设有取土坑和护坡道的路基横断面形式，护坡道宽度应大于2m，取土坑可与路侧排水沟兼蒸发池联合设置。

8.5　滑坡路段

8.5.1　滑坡路段的排水设计应与滑坡处治方案紧密结合，避免由于排水不当诱发滑坡体滑坡。

8.5.2　滑坡勘察时，除应查明滑坡性质、滑坡体附近的地形地貌、水文地质和工程地质条件、滑坡的成因类型、滑坡规模与特征等情况外，尚应一并查明排水设计所需水文、地质资料。

滑坡是指斜坡上的土体或者岩体，受河流冲刷、地下水活动、地震及人工切坡等因素影响，在重力作用下，沿着一定的软弱面或者软弱带，整体地或者分散地顺坡向下滑动的自然现象。滑坡发生的机理是某一滑移面上剪应力超过了该面的抗剪强度所致。

滑坡是山区公路的主要灾害之一，对山区公路建设和交通设施危害较大。因此应重视滑坡路段排水设计的调查工作，通过对滑坡工程地质的综合勘察，查明滑坡的形成原因及性质，判断滑坡的稳定程度及对工程建设的危害性，在此基础之上提出有针对性的综合排水处置措施。

8.5.3 滑坡体后缘及滑坡体可采用环形截水沟、排水沟、渗沟、排水隧洞、仰斜式排水孔等地表及地下排水措施。环形截水沟应设置在滑坡体后缘距裂缝5m以外的稳定斜坡面上。

8.5.4 当滑坡体后缘存在水池、水塘和水库等地表水体且必须保留时，宜对地表水体底部和周边进行防渗处理。

8.5.5 滑坡范围较大时，宜在滑坡体范围内设置树枝状排水沟。有明显开裂变形的滑坡体应用黏土填实裂缝，整平积水坑、洼地，使地表的雨水汇集排泄，减少下渗。排水沟通过裂缝处，应设置上下搭接的叠瓦式沟槽。

8.5.6 对渗水的土质滑坡和浅层滑坡，可采取设置格状支撑渗沟，结合坡面铺种草皮、种植灌木或阔叶树木等措施。

绿化工程是配合地表排水的有效措施，特别是对渗水严重的黏性土滑坡和浅层滑坡，效果显著。在滑坡面种植灌木及阔叶树，可疏干滑体水分，根系起加固坡面涂层作用。铺种草皮可滞缓坡面径流流速，防止冲刷，减少下渗，避免坡面泥土淤塞沟槽。

8.5.7 当滑坡体表层有积水湿地和泉水出露时，可将排水沟上端做成渗水暗沟，疏干湿地内上层滞水、引排泉水。

8.5.8 对大规模滑坡体，地下水丰富时可采用横向截水渗沟、纵向截水渗沟、渗水隧洞、仰斜式排水孔等地下排水措施。

8.5.9 各类地表及地下排水设施的设计应符合第4章和第6章的有关规定。

8.6 水环境敏感路段

8.6.1 水环境敏感路段的排水设计，应突出保护水体的要求，避免由于排水不当导致水体的污染。

8.6.2　水环境敏感路段应收集沿线地区的环境影响评价、水源地分布和相关规划等资料，调查公路中心两侧各200m范围内的水资源分布和水体功能。当存在集中式生活饮用水取水口时，调查范围应延伸至取水口上游1 000m以外、下游100m以外。

水资源包括地表水和地下水。地表水是指存在于地壳表面，暴露于大气的海洋、江、河、湖泊、水库、沼泽和冰川等水域。地下水是指埋藏于地表以下，存在于地壳岩石孔隙、裂隙、溶洞或土壤空隙中的各种形态的水。

水体的功能是指如生活饮用水、渔业养殖水、农田灌溉水和工业用水等，同一水域有几种功能时，应按最高功能确定其类别。

《公路建设项目环境影响评价技术规范》(JTG B03—2006)把路面径流造成的环境污染作为评价地表水环境污染的因素之一。公路运营过程中产生噪声、尾气、固体废弃物等污染，使公路沿线的农作物在受污染的土壤、水体、大气中生长，普遍出现减产和农产品品质下降的现象，甚至因有毒有害物质在可食用部分的累积量超过卫生标准的允许量而绝收。有研究表明，公路两侧60m范围内土壤环境中Pb、Co、Cr达到了轻～中等程度污染；Cu、Ni、Mn在离公路20m处达到了一级污染；路两侧距路肩250m范围内土壤和农作物均受到一定程度铅污染。

结合上述研究成果和《公路环境保护设计规范》(JTG B04—2010)5.3.1条、5.4.4条的有关规定，确定出了水环境敏感路段的公路排水设计时的外业调查范围。

8.6.3　应按照不同的敏感等级对水质的要求，结合工程具体条件，分别采取相应的排水设计和处理措施。

水环境敏感路段的概念在公路行业规范中首次提出。本节内容在编写过程中，借鉴了在环境保护方面应用广泛的法国标准体系。水环境敏感路段分级标准如表8-1所示。

表 8-1 水环境敏感路段分级标准

敏感等级	执行标准	
	《地表水环境质量标准》(GB 3838)、《地下水质量标准》(GB/T 14848)	《海水水质标准》(GB 3097)
强敏感	Ⅰ~Ⅱ类	第一类海域
中敏感	Ⅲ类	第二类海域
弱敏感	Ⅳ类	第三类海域

法国在道路排水和水处理方面的系统研究可以追溯到第二次世界大战之后,经过60余年的发展,历经了四五十年代的研究期,八九十年代的调整期和21世纪的完善期。该国的经济财政与预算部、运输—住宅—旅游和海洋装备部等部委以及公路技术研究院(SETRA)、道路与桥梁中心实验室(LCPC)等研究机构已经建立起了一整套合理的道路排水和水处理的标准体系。该体系不仅在欧盟国家,并且在非洲、亚洲地区均得到了广泛的认可和应用。本规范主要参照了法国的《公共工程行业通用技术条款》(CCTG)70分册——排水管网及附属工程、《道路排水技术指南2006》和《公路水处理技术指南2006》等。另外,在规范的修订过程中也同时参考了《地表水环境质量标准》(GB 3838—2002)和《海水水质标准》(GB 3097—1997)。

《地表水环境质量标准》(GB 3838—2002)中的水域功能和标准分类:

Ⅰ类——主要适用于源头水、国家自然保护区。

Ⅱ类——主要适用于集中式生活饮用水地表水源地一级保护区、珍稀水生生物栖息地、鱼虾类产卵场、仔稚幼鱼的索饵场等。

Ⅲ类——主要适用于集中式生活饮用水地表水源地二级保护区、鱼虾类越冬场、洄游通道、水产养殖区等渔业水域及游泳区。

Ⅳ类——主要适用于一般工业用水区及人体非直接接触的娱乐用水区。

《地下水质量标准》(GB/T 14848—1993)中的水质量分类:

Ⅰ类——主要反映地下水化学组分的天然低背景含量。适用于各种用途。

Ⅱ类——主要反映地下水化学组分的天然背景含量。适用于各种用途。

Ⅲ类——以人体健康基准值为依据。主要适用于集中式生活饮用水水源及工、农业用水。

Ⅳ类——以农业和工业用水要求为依据。除适用于农业和部分工业用水外,适当处理后可作生活饮用水。

《海水水质标准》(GB 3097—1997)中的海水水质分类:

第一类——适用于海洋渔业水域、海上自然保护区和珍稀濒危海洋生物保护区。

第二类——适用于水产养殖区、海水浴场、人体直接接触海水的海上运动或娱乐区,以及与人类食用直接有关的工业用水区。

第三类——适用于一般工业用水区、滨海风景旅游区。

路(桥)面径流污染物主要是悬浮物(SS)、化学耗氧量(COD)、生物耗氧量(BOD)、总氮(TN)、总磷(TP)、重金属、多环芳烃PAHs、无机盐和油等。

路面径流污染物的浓度受路面类型的影响较大,沥青路面径流中的铅、锌、COD的浓度是相同条件下水泥混凝土路面径流的3~5倍。采用多孔沥青路面后,其径流中污染物的浓度大大减少,因此研制和使用各种类型的多孔路面不仅有利于行车安全,也有利于排水和降低路面径流污染。

在公路工程的环境影响评价报告中,大多数公路只是建议采用氧化塘进行沉淀和净化。研究表明,一些非工程措施如清扫路面、限制除冰剂的使用和一些工程措施如植被控制、湿式滞留池、渗透系统和湿地系统等是控制路面径流对地表受纳水体污染的有效措施。渗滤系统可以有效去除公路路面径流中的重金属、SS和PAHs等污染物质。

人工湿地系统对控制暴雨径流产生的面源污染有较好的净化作用,但其占地面积较大,涉及征地问题,且费用较高,条件确实允许的情况下,可以采用。

植被控制(包括地表漫流和植草渠道)措施对重金属、有毒有机物、SS、BOD、细菌的过滤、吸附作用效率最高,人工湿地次之。因此选择合适的植物并对其进行有效的配置,是一种较为经济易行的路面径流污染控制方法。

本规范结合各种工程措施的净化效果及其在法国使用情况的同时，参照了国内广州渝湛高速公路的人工湿地、广元至南充高速公路的隔油沉淀池与植被控制和人工湿地的组合措施等有关成功案例，提出采用植草式排水沟、封闭式排水沟、植草处理池、多功能处理池、人工湿地和干式沉淀池用于集中处理路面径流带来的水污染。这些水处理设施表面均应植草绿化。此举不但有利于构造物融于自然环境之中，同时也是治理长期污染的一种措施。构造物的底部铺筑厚30cm的压实黏土层，用于控制水的下渗（该黏土层的作用重在“控制”下渗，这与下文即将提到的“防渗措施”概念并不相同）。

水环境敏感路段的公路排水应根据水环境不同的敏感程度，本着“分段排放，分级处理”的原则分别采取不同的处理措施。

8.6.4 水环境强敏感路段排水设计应符合以下规定：

1 路面表面水应采取设置纵向、横向排水系统等措施，集中收集处理。

2 收集路面表面水的集水沟（管）和集中水处理设施应采取防渗措施。

3 路面表面水集中水处理宜采用多功能处理池、人工湿地或干式沉淀池等设施。

在水环境强敏感路段，应通过在土路肩设置U形混凝土沟或缝隙式圆管以及在桥面设置纵向集水管等措施来收集路面、桥面水并引到处理池中进行处理，如图8-4所示。路表收集系统如图8-5所示。

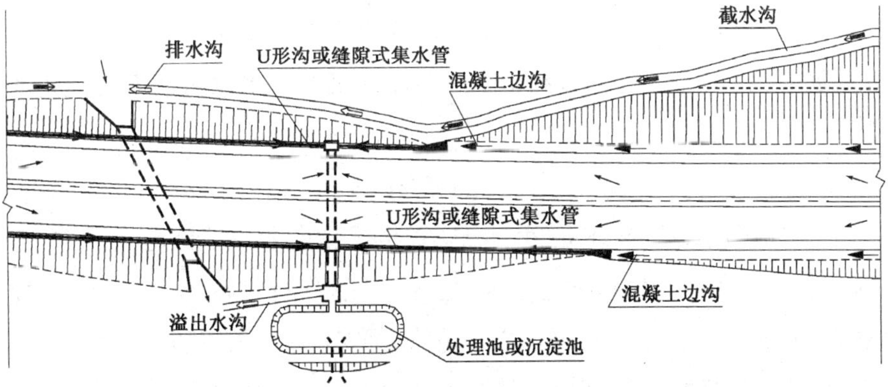

图8-4 水环境强敏感路段排水及水处理

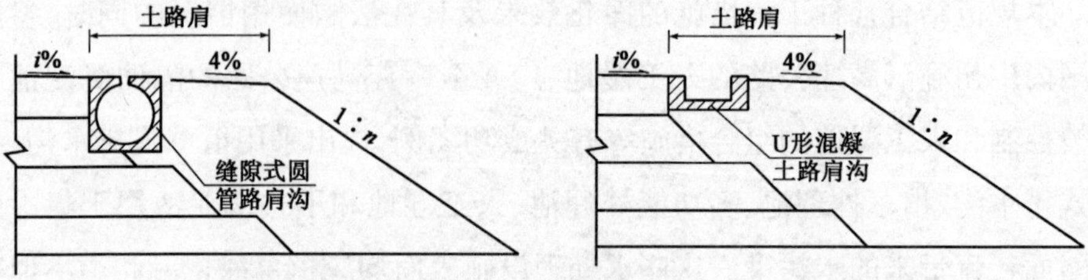

图 8-5　路表水收集系统

不应通过设置在填方坡脚的排水沟来收集路面水，因为水在从路面漫流到排水沟的过程中会在边坡上发生渗透。集水管沟防渗可采用混凝土加固，处理池防渗可在池底和池壁铺设防水土工布。

由于水环境强敏感路段对水排放的要求较高，经过综合考虑，路面和桥面水的集中水处理设施应当采用多功能处理池、人工湿地或干式沉淀池。

多功能处理池由入口装置、积水池、出口装置、旁通系统、维修道路组成；干式沉淀池由入口装置、渗滤池、出口装置、旁通系统和维修道路组成。

水环境强敏感区或者中等敏感区汇水面积大于 $1hm^2$ 时，可选择多功能处理池进行水污染防治。

处理池池岸四周需要修建至少 4m 宽的养护道路，一条通向池底的宽度不小于 3.5m、坡度不大于 15% 的进出通道，可以使养护机械开进池底进行养护操作（清除水草和淤泥）。水池的长宽比率应该不小于 6。入口装置应该尽量远离出口装置，这样有利于水中杂质的沉淀。水池周围需要设置隔离栅栏。

多功能处理池的平、纵面设计如图 8-6 所示。

人工湿地污水处理技术是 20 世纪 70 年代提出的一项低能耗、低运行成本、高生态效益的污水处理湿地系统，是通过人工挖掘，增加水力负荷，栽种水生植物形成的。人工湿地利用土壤—植物—微生物系统的物力、化学和生物三重作用，通过过滤、沉淀、离子交换、植物吸收和微生物分解等一系列复杂的净化机理实现对水的高效净化。

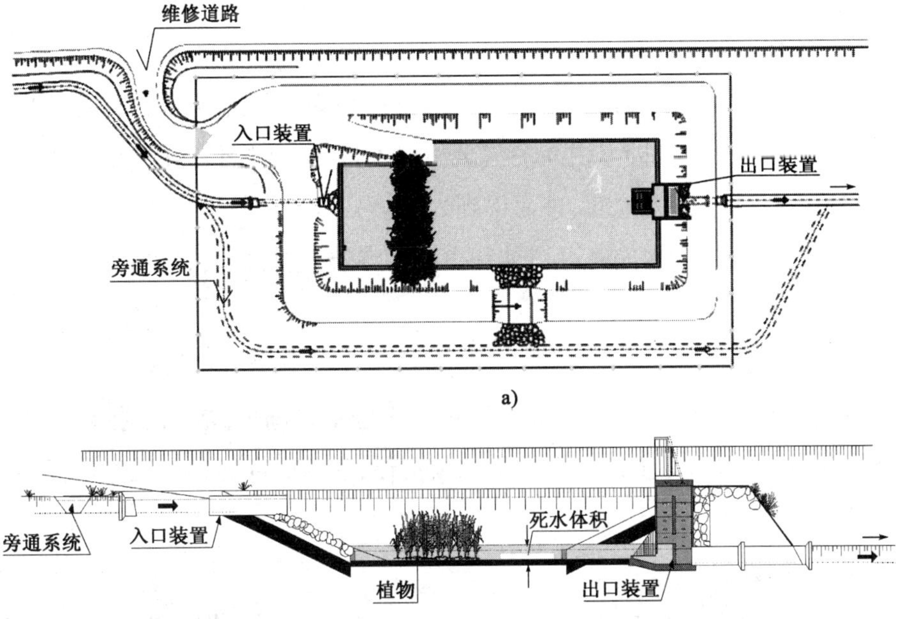

图 8-6 多功能处理池

a)平面图;b)纵断面图

干式沉淀池由入口装置、渗滤池、出口装置、旁通系统和维修道路组成，如图 8-7 所示。这类沉淀池是在植草式处理池和多功能处理池的死水区有可能出现不可控的潜在危害性（气味、蚊虫……）的时候考虑选用的，这种危害性尤其会给城市周边地区或气候炎热地区造成不便。

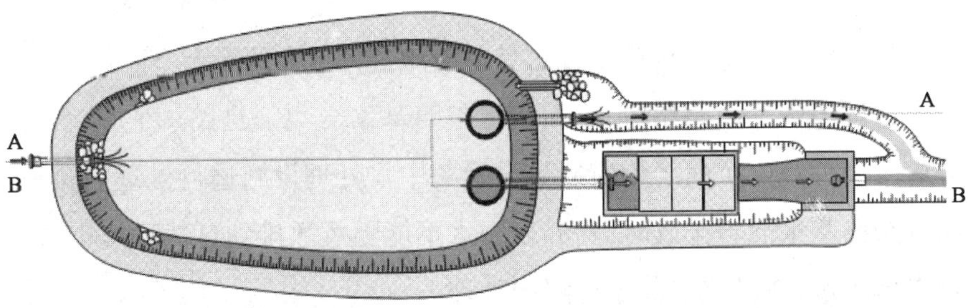

图 8-7 干式沉淀池

A-旁通系统，用于水量过大时的临时疏导；B-渗滤系统处理池和沉淀池的工作原理：

(1)沉淀和渗滤原理

由于处理池有一定的“死水体积”，正常运营期间路基排水在处理池中有一定的水力停留时间（即水由入口流至出口所经历的时间），在此期间水中的杂质在重力作用下沉入池底，进而得到处理。

流入沉淀池的汇水先经过植被和土层的渗透、过滤之后，进而流入标高更低的油水分离区。

(2)隔油原理

由于油水分离装置中的出水口高度高于进水口高度，故水在排出油水分离装置时，漂浮于水面上的油即被隔油板挡住，水从底部的开口通过从而达到隔油的目的。

(3)阀门设置

处理池和沉淀池需要在进、出口均设置阀门，正常运营期间阀门均开启，当遇到突发性事件时，首先关闭出口阀门，待水位达到最高水位时再关闭进口阀门，多余的路面排水通过水处理池的旁通系统排出。

8.6.5 水环境中敏感路段排水设计应符合以下规定：

1 路面表面水宜集中收集处理。

2 集中水处理设施宜采用多功能处理池、人工湿地或干式沉淀池等设施，也可采用植草式处理池。

水环境中等敏感路段排水及水处理设施如图8-8所示。

在水环境中等敏感路段，路面水宜与路基水分离。当路（桥）面水与路基水分离时，路面水、桥面水均应通过设置集中水处理设施进行处理后排放。当路面水与路基水混合排放时，路界表面水不能随意散排到自然环境中去，应收集路界地表水，在排放之前进行集中处理。

经过综合考虑，水环境中等敏感路段路面水和桥面水的集中水处理设施宜采用多功能处理池、人工湿地或干式沉淀池，也可以采用植草式处理池。收

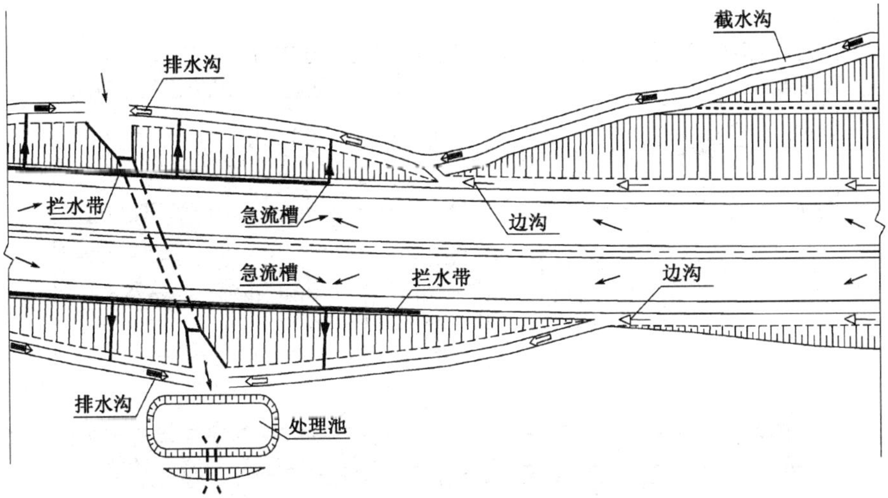

图 8-8　水环境中等敏感路段排水及水处理

集路界表面水的边沟、排水沟等应尽量植草，使汇水在途中得以净化、沉淀。处理池宜采取防渗措施。

植草式处理池由入口装置、积水池、出口装置和旁通系统组成，如图 8-9 所示。该类型的构造物适用于中等敏感区汇水面积不大于 $1hm^2$ 的情况。死水体积的存在可以延缓污染物的扩散，也可以起到沉淀的作用；出口处油水分离装置的虹吸挡板能起到油水分离的作用；偶发事故带来的污染可以通过关闭进出口阀门来进行封锁。处理池的尺寸需要考虑养护设备的操作空间。池底水平，长度 80 ~ 100m，底宽 1.5m 左右，死水高度 0.5m 左右，活水高度 0.5 ~ 1m。

8.6.6　水环境弱敏感路段路面表面水可采取散排方式。当路面表面水集中排放时，宜采用植草式排水沟或封闭式排水沟处理。

植草式排水沟可以改善路面径流和突发性事故污染的影响，减缓污染物的运移，如图 8-10 所示。

在水环境弱敏感路段，路面污染水环境程度弱，采用散排对水环境不会有太大影响，较小的影响可通过生态过滤、吸收而逐步降低；偶发事故造成的污染也可以通过挖除污染物、设置隔离栅栏等行之有效的方法进行处理。所以，

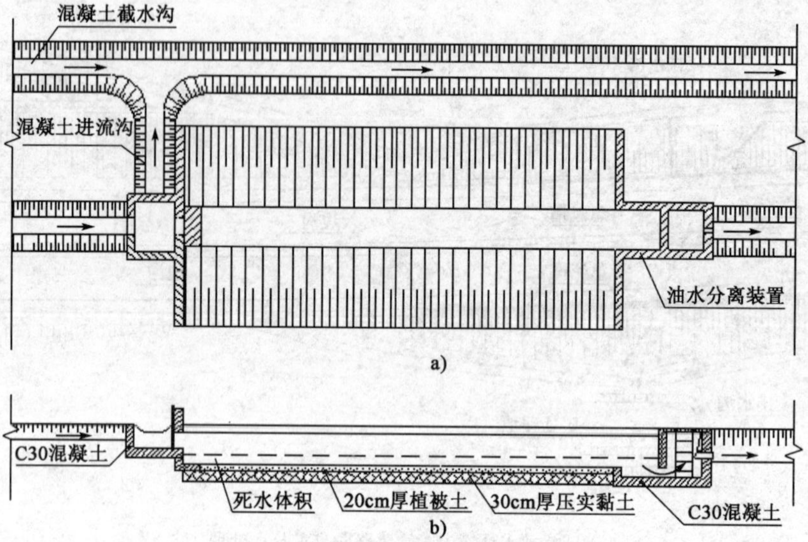

图 8-9 植草式处理池

a)平面布置图;b)纵剖面图

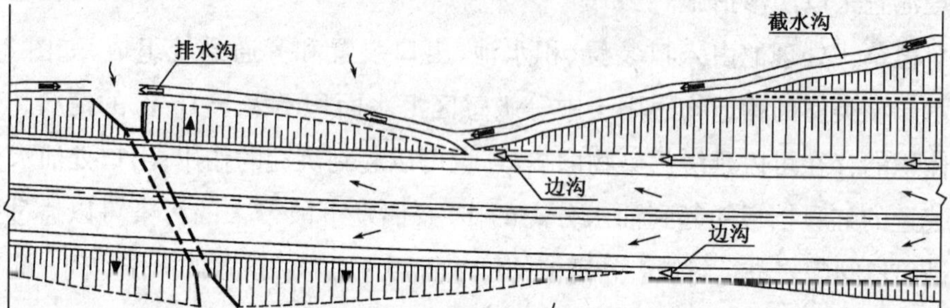

图 8-10 水环境弱敏感路段排水及水处理

该段落内路面表面水可采取散排。如果条件不允许散排,则首先考虑对排水设施(边沟、排水沟等)进行植草绿化,最大限度地吸收、沉淀路面汇水。只有当纵坡较大(大于 10%)防止冲刷时,才考虑浆砌片石、现浇(预制)水泥混凝土等加固措施。

当地政府、项目业主或居民提出要求时,可考虑将路界地表水收集到边沟和排水沟并经过植草式或封闭式排水沟处理后再排放。植草式或封闭式排水沟可不采取专门的防渗措施。

植草式排水沟：主要收集路基污水，由表层（厚度至少200mm）植被土与下部低渗透性保护层（渗透系数小于10^{-7}m/s，厚度至少200mm）构成，可以改善路面径流和突发性事故污染的影响，减缓污染物的运移。该形式适用于水环境弱敏感区。

封闭式排水沟：用于延缓污染物的蔓延，沟内液体不流动部分的体积可以储存约40m^3的水（死水），不流动的死水主要通过蒸发、向地下的渗透和渠内水生植物的吸收来消耗。排水沟的尺寸需要考虑养护设备的操作空间，长度80～100m，底宽1.2m左右，死水高度0.5m左右。该形式适用于水环境弱敏感区。

封闭式排水沟设计如图8-11和图8-12所示。

封闭式排水沟工作原理：

（1）沉淀原理

封闭式排水沟的入口至出口有一定的长度，且出口装置有一定的"死水体积"，正常运营期间路基排水在处理池中有一定的水力停留时间（即水由入口流至出口所经历的时间），在此期间水中的杂质在重力作用下沉入排水沟底部，进而得到处理。

（2）隔油原理

由于出口装置中的出水口高度高于进水口高度，故水在排出时，漂浮于水面上的油即被隔油板挡住，水从底部的开口通过从而达到隔油的目的。

（3）阀门设置

容易发生事故的急弯陡坡路段的封闭式排水沟，需要在进口设置一个阀门，正常运营期间阀门开启，当遇到突发性事件时，待水位达到最高水位时关闭进口阀门，多余的路面排水通过其旁通系统排出。

8.6.7 水处理设施的设计应符合以下规定：

1 人工湿地、多功能处理池和干式沉淀池适用于汇水面积大于1hm^2的情况，其长宽比应不小于6，水池周围应设置隔离栅栏。当位于居民聚集地时，宜选用干式沉淀

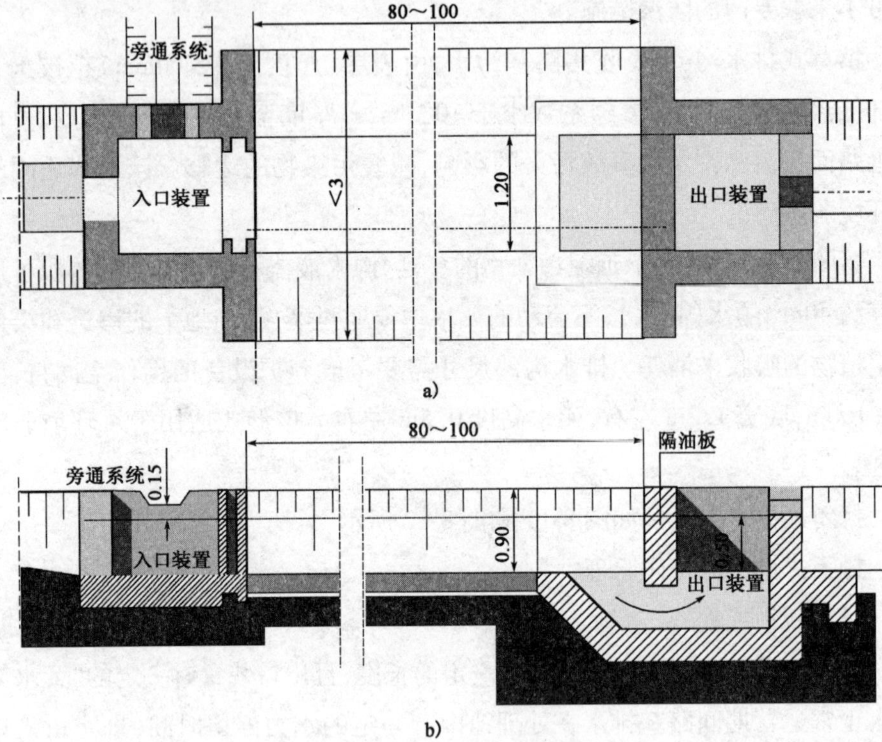

图 8-11　封闭式排水沟（尺寸单位：m）

a）平面图；b）纵断面图

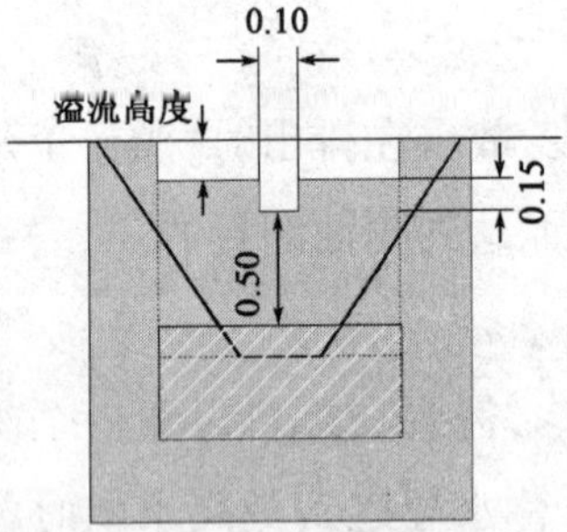

图 8-12　封闭式排水沟出口

（尺寸单位：m）

池。三种水处理设施均应设置旁通系统和维修道路，在池底和池壁应采取铺设防水土工布等防渗措施。

2　植草式处理池适用于汇水面积不大于 $1hm^2$ 的情况，长度宜为 80～100m，底宽宜为 1.5～2m，死水深度宜为 0.5m，水位变动高度宜为 0.5～1.0m。

3　植草式排水沟和封闭式排水沟适用于汇水面积不大于 $1hm^2$ 的情况，长度宜为80～100m，底宽宜为 1.2～1.5m，死水高度宜为 0.5m，可不采取专门的防渗措施。

4　人工湿地宜由进水渠、湿地（由死水、底部基层和水生植物构成）、出水渠、旁通系统、有害物质调节池和维修道路组成。

5 多功能处理池、干式沉淀池宜由入口装置、积水池或渗滤池、出口装置、旁通系统、维修道路和有害物质调节池组成。

6 植草式处理池宜由入口装置、积水池、出口装置和旁通系统组成。

7 水处理设施的入口处应设置阀门，出口处应设置阀门和油水分离装置。

8 处理池和排水沟的尺寸应考虑养护设备的操作空间。

人工湿地、多功能处理池和干式沉淀池四周修建维修道路的目的是使机械可以开进池底进行清除淤泥等养护操作。

旁通系统的作用主要是将突发事故中泄漏出来的（液体）有害物质引排至旁边的有害物质调节池，以便对有害物质进行集中处理。

在居民区设置干式沉淀池主要是为了防止多功能处理池的死水区可能出现的气味、蚊虫等对周边居民造成影响。保留一定的死水体积可以延缓污染物的扩散，也可以起到沉淀的作用。

出口处油水分离装置的虹吸挡板能起到油水分离的作用，偶发事故带来的污染可以通过关闭进出口阀门来进行封锁。

9 水文与水力计算

本章是将原规范的第3章水文计算和第8章水力计算合并修订后组成的。9.1节水文计算与原规范第3章相同,均为9条;9.2节沟和管的水力计算与原规范8.1节排水沟和排水管的水力计算相同,为5条;9.3节泄水口的水力计算与原规范8.2节泄水口水力计算相同,为7条;9.4节地下排水设施水力计算为6条,原规范8.3节渗沟流量计算为3条。本章与原规范最大的变化是:修订了原规范3.0.6的计算式;对原规范8.1.4条进行了补充修订;9.4节新增了2条规定。

9.1 水文计算

本节内容是在原规范第3章内容基础上修订的,总条数没有变化,对原规范3.0.3条和3.0.6条进行了修订。

9.1.1 路界内各项排水设施所需排泄的设计径流量可按式(9.1.1)计算确定。

$$Q=16.67\psi q_{p,t}F \tag{9.1.1}$$

式中:Q——设计径流量(m^3/s);

$q_{p,t}$——设计重现期和降雨历时内的平均降雨强度(mm/min);

ψ——径流系数;

F——汇水面积(km^2)。

本条与原规范3.0.1条基本相同,符号略有变化。

确定设计径流量的方法,可以采用推理法、统计分析法(依据以往资料的)、地区分析法或现场评断法等。本规范规定采用推理法,这是应用最为广泛的一种方法。

9.1.2 设计降雨的重现期应根据公路等级和排水类型,按表9.1.2确定。

表9.1.2 设计降雨的重现期(单位:年)

公路等级	路面和路肩表面排水	路界内坡面排水	公路等级	路面和路肩表面排水	路界内坡面排水
高速公路和一级公路	5	15	二级及二级以下公路	3	10

本条与原规范3.0.2条相同,没有变化。

设计降雨重现期的规定,既要考虑到公路设施在使用中受水侵害的风险大小,又要考虑排水设施的断面尺寸,即其造价。因而,应根据公路的重要性(等级和交通量)、浸水或水淹对公路使用和周围地区的影响程度,以及各项排水设施的排水目的和类型,综合确定降雨重现期。

新规范表9.1.2中所列的设计重现期标准是在参考我国路基和路面规范中的规定及国外的规定,并考虑到重现期习惯上只用整年数确定的。

9.1.3 计算路面表面排水时,单向三车道及以下的路面汇流历时可取5min;单向三车道以上的路面汇流历时可按式(9.1.4)计算确定,可不计沟管内汇流历时。

3.0.3 降雨历时一般应取设计控制点的汇流时间。其值为由汇水区最远点到排水设施处的坡面汇流历时和在沟或管内由入口到控制点的沟管汇流历时之和。在考虑路面表面排水时,可不计及沟管内汇流历时。

本条是在原规范3.0.3条基础上修订的,对路面表面排水汇流历时进行了明确的规定。删除了原规范的前两句,将其作为降雨历时术语列入2.1.12。

9.1.4 坡面汇流历时可按式(9.1.4)计算确定。

$$t_1 = 1.445\left(\frac{sL_p}{\sqrt{i_p}}\right)^{0.467} \quad (L_p \leqslant 370\text{m}) \tag{9.1.4}$$

式中:t_1——坡面汇流历时(min);

L_p——坡面流的长度(m);

i_p——坡面流的坡度;

s——地表粗度系数,按地表情况查表9.1.4确定。

表9.1.4 地表粗度系数 s

地表状况	粗度系数 s	地表状况	粗度系数 s
沥青路面、水泥混凝土路面	0.013	牧草地、草地	0.40
光滑的不透水地面	0.02	落叶树林	0.60
光滑的压实土地面	0.10	针叶树林	0.80
稀疏草地、耕地	0.20		

本条与原规范3.0.4条基本相同,符号略有变化。

9.1.5 计算沟管内汇流历时时,应在断面尺寸、坡度变化点或者有支沟(支管)汇入处分段,分别计算各段的汇流历时,再叠加而得,可按式(9.1.5-1)计算确定。当沿程有旁侧入流时,第一段沟管的平均流速可用该段沟管的末断面流速乘折减系数0.75计算,其余各段可用上、下端断面流速的平均值计算。

$$t_2=\sum_{m=1}^{n}\left(\frac{l_m}{60v_m}\right) \tag{9.1.5-1}$$

式中:t_2——沟管内汇流历时(min);

n、m——分段数和分段序号;

l_m——第m段的长度(m);

v_m——第m段沟管的平均流速(m/s),可按式(9.2.3)计算确定,也可按式(9.1.5-2)近似估算;

$$v_m=20i_m^{0.6} \tag{9.1.5-2}$$

i_m——第m段沟管的平均坡度。

3.0.5 计算沟管内汇流历时时,先在断面尺寸、坡度变化点或者有支沟(支管)汇入处分段,分别计算各段的汇流历时后再叠加而得,即:

$$t_2=\sum_{i=1}^{n}\left(\frac{l_i}{60v_i}\right) \tag{3.0.5-1}$$

式中：t_2——沟管内汇流历时(min)；

n 和 i——分段数和分段序号；

l_i——第 i 段的长度(m)；

v_i——第 i 段的平均流速(m/s)。

沟管的平均流速可按本规范式(8.1.3)计算确定，或者按下式近似估算。

$$v = 20i_g^{0.6} \tag{3.0.5-2}$$

式中：i_g——该段排水沟管的平均坡度。

本条与原规范3.0.4条基本相同，符号略有变化。

沟管平均流速近似估算公式系齐哈(Rziha)公式，为德国和日本一般采用的公式。

沟管内汇流历时须在排水设施或构造物的过水断面和出水口确定后才能计算得到，而设计径流量尚未确定，过水断面和出水口便无法设计确定。因而，需采用试算法，先假设一个沟管内汇流历时，计算汇流历时和设计径流量，确定排水设施或构造物的过水断面和出水口。然后，按满宁公式计算设计沟管内的平均流速[新规范式(9.2.3)]，再计算汇流历时，并同假设的汇流历时进行比较。相差大时，调整假设值，重新计算。

在沿程有旁侧入流时，流量和流速沿程逐渐变化。其中第1段沟管的平均流速用该段沟管的末断面流速乘折减系数 k_m(一般取 $k_m = 0.75$)计算，其余各段用上、下端断面流速的平均值计算。

9.1.6　当地气象站有10年以上自记雨量计资料时，宜利用气象站观测资料，经统计分析，确定相关参数后按式(9.1.6)计算设计重现期和降雨历时内的平均降雨强度。

$$q_{p,t} = \frac{a_p}{(t+b)^n} \tag{9.1.6}$$

其中

$$a_p = c + d\lg P$$

式中：t——降雨历时(min)；

P——重现期(a)；

b、n、c、d——回归系数。

3.0.6　当地气象站有10年以上自记雨量计资料时，可利用气象站观测资料按下式整理分析得到设计重现期的降雨强度。

$$q = \frac{a}{t + b} \tag{3.0.6}$$

式中：t——降雨历时(min)；

a 和 b——地区性参数。

本条是在原规范3.0.6条基础上修订的。本次修订采用了考虑影响因素敏感的回归公式。

降雨强度 q，与设计重现期 P 和降雨历时 t 有关。若公路所在地区已有降雨强度回归公式，可直接应用。

9.1.7 当地缺乏自记雨量计资料时，可利用标准降雨强度等值线图和有关转换系数，按式(9.1.7)计算降雨强度。

$$q_{p,t} = c_p c_t q_{5,10} \tag{9.1.7}$$

式中：$q_{5,10}$——5年重现期和10min降雨历时的标准降雨强度(mm/min)，按公路所在地区，由图9.1.7-1查取；

c_p——重现期转换系数，为设计降雨重现期降雨强度 q_p 与标准重现期降雨强度 q_5 的比值(q_p/q_5)，按公路所在地区由表9.1.7-1查取；

c_t——降雨历时转换系数，为降雨历时 t 的降雨强度 q_t 与10min降雨历时的降雨强度 q_{10} 的比值(q_t/q_{10})，按公路所在地区的60min转换系数 c_{60}，由表9.1.7-2查取，c_{60} 可由图9.1.7-2查取。

表9.1.7-1　重现期转换系数 c_p

地区		重现期 P(年)			
		3	5	10	15
海南、广东、广西、云南、贵州、四川东、湖南、湖北、福建、江西、安徽、江苏、浙江、上海、台湾		0.86	1.00	1.17	1.27
黑龙江、吉林、辽宁、北京、天津、河北、山西、河南、山东、四川西、西藏		0.83	1.00	1.22	1.36
内蒙古、陕西、甘肃、宁夏、青海、新疆	非干旱区	0.76	1.00	1.34	1.54
	干旱区*	0.71	1.00	1.44	1.72

注：*干旱区约相当于5年一遇10min降雨强度小于0.5mm/min的地区。

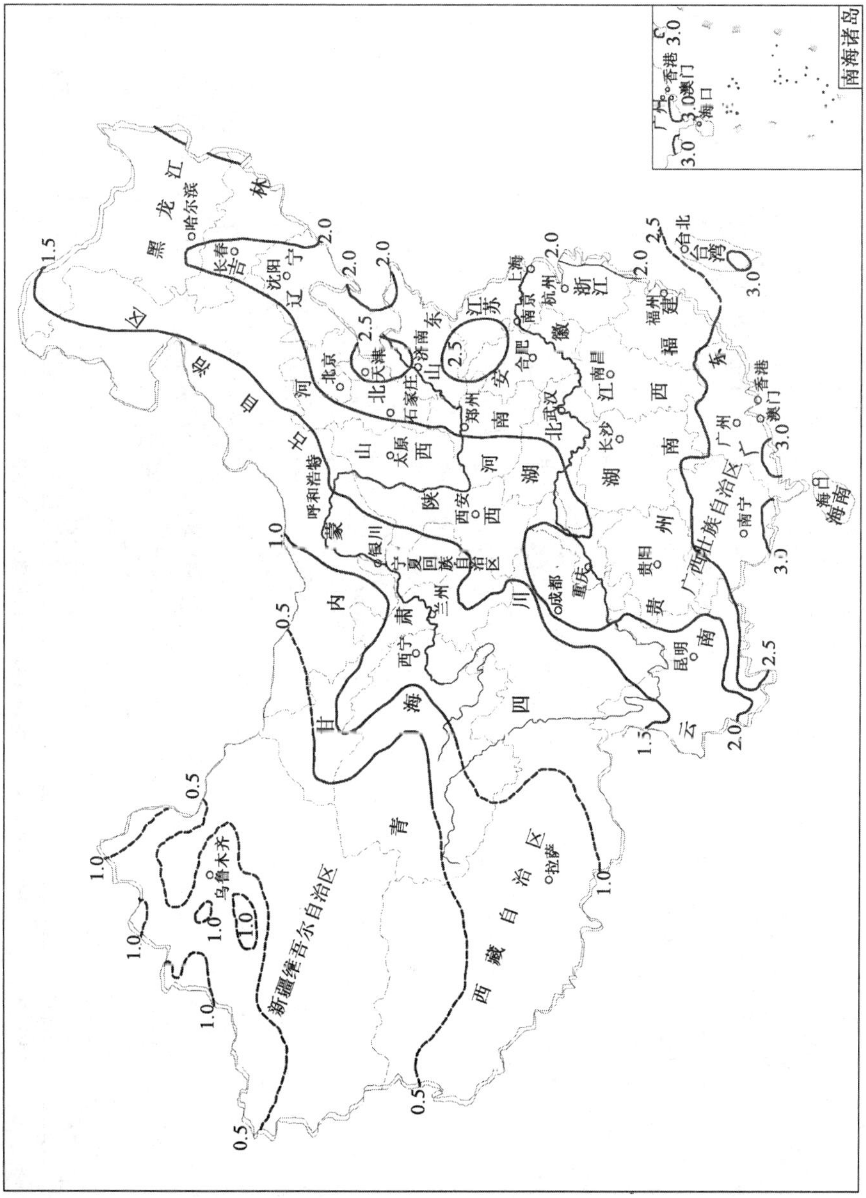

图9.1.7-1 中国5年一遇10min降雨强度（$q_{5,10}$）等值线图（mm/min）

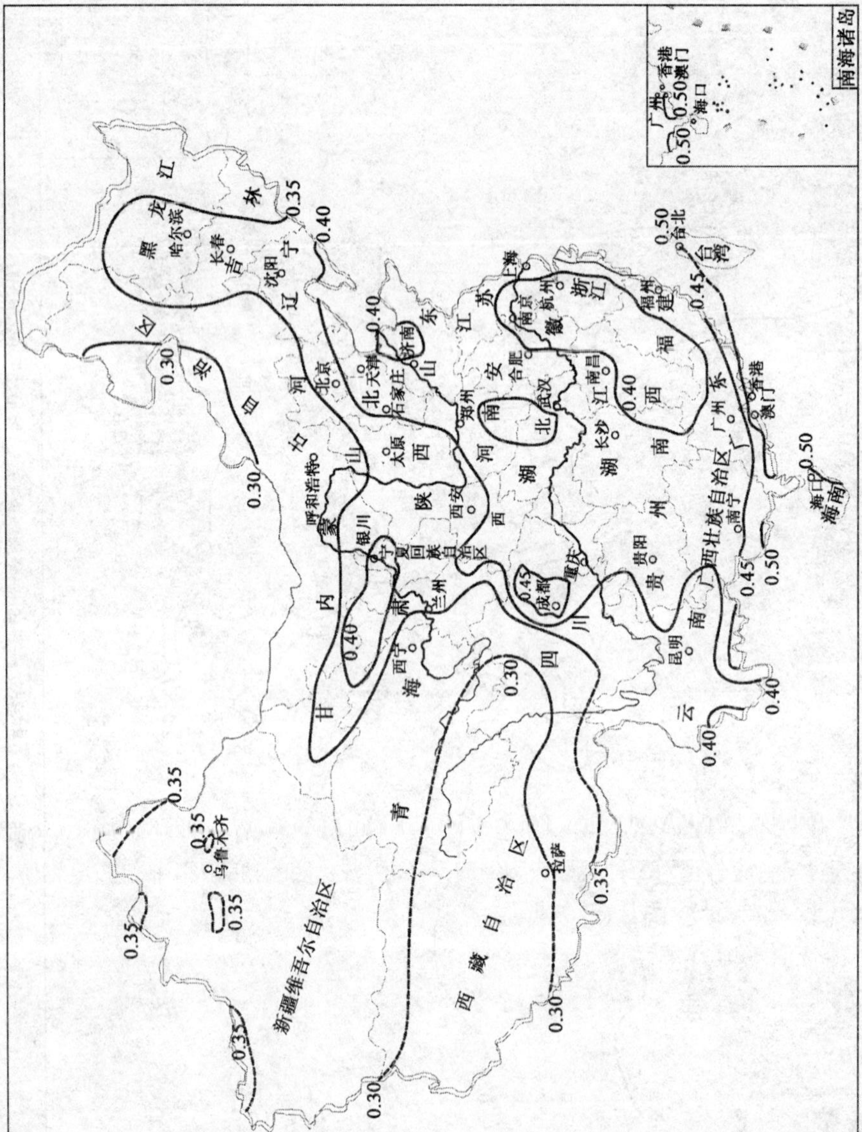

图9.1.7-2 中国60min降雨强度转换系数(c_{60})等值线图(mm/min)

表 9.1.7-2　降雨历时转换系数 c_t

c_{60}	降雨历时 t(min)										
	3	5	10	15	20	30	40	50	60	90	120
0.30	1.40	1.25	1.00	0.77	0.64	0.50	0.40	0.34	0.30	0.22	0.18
0.35	1.40	1.25	1.00	0.80	0.68	0.55	0.45	0.39	0.35	0.26	0.21
0.40	1.40	1.25	1.00	0.82	0.72	0.59	0.50	0.44	0.40	0.30	0.25
0.45	1.40	1.25	1.00	0.84	0.76	0.63	0.55	0.50	0.45	0.34	0.29
0.50	1.40	1.25	1.00	0.87	0.80	0.68	0.60	0.55	0.50	0.39	0.33

本条为原规范 3.0.7 条内容，没有变化。

降雨强度等值线图是依据 5 年重现期 10 分钟降雨历时绘制而成的。

重现期转换系数表 c_p，由各地代表性变差系数 c_v 按频率曲线计算用表计算得出的，线型为皮尔逊Ⅲ型。c_{60} 图由《中国年最大 10 分钟点雨量均值、变差系数等值线图》及《中国年最大 1 小时、6 小时点雨量均值、变差系数等值线图》的有关图表计算绘制。

历时转换系数 c_t 与历时 t 的关系，在双对数纸上呈上凸形曲线。以 c_{60} 为参数绘制 c_t-c_{60}-t 曲线，5min 降雨历时转换系数 c_5 变幅很小，且与 c_{60} 无关，因此采用单一值。3min 降雨转换系数 c_3 系根据全国综合的 c_t-t 关系曲线外推估计而得。

9.1.8　径流系数应按汇水区域内的地表种类由表 9.1.8 确定。当汇水区域内有多种类型的地表时，应分别为每种类型选取径流系数后，按相应的面积大小取加权平均值。

表 9.1.8　径 流 系 数 ψ

地 表 种 类	径流系数 ψ	地 表 种 类	径流系数 ψ
沥青混凝土路面	0.95	陡峻的山地	0.75 ~ 0.90
水泥混凝土路面	0.90	起伏的山地	0.60 ~ 0.80
透水性沥青路面	0.60 ~ 0.80	起伏的草地	0.40 ~ 0.65
粒料路面	0.40 ~ 0.60	平坦的耕地	0.45 ~ 0.60
粗粒土坡面和路肩	0.10 ~ 0.30	落叶林地	0.35 ~ 0.60
细粒土坡面和路肩	0.40 ~ 0.65	针叶林地	0.25 ~ 0.50
硬质岩石坡面	0.70 ~ 0.85	水田、水面	0.70 ~ 0.80
软质岩石坡面	0.50 ~ 0.75		

本条为原规范3.0.8条内容,没有变化。

径流系数受降雨强度、降雨历时、地表覆盖状况、土壤种类和湿度等多种因素的影响,可通过实地试验确定。但目前大部分国家都直接按汇水区域内的地表特性查表选定的。本规范参照我国《室外排水设计规范》、美国土木工程师学会《污水和雨水管设计和施工手册,No. 37》(1960) 和日本土木学会《水理公式集》(1985)中所列数值,并结合工程经验,汇总成新规范表9.1.8。

9.1.9 设计径流量的计算过程可参照图9.1.9进行。

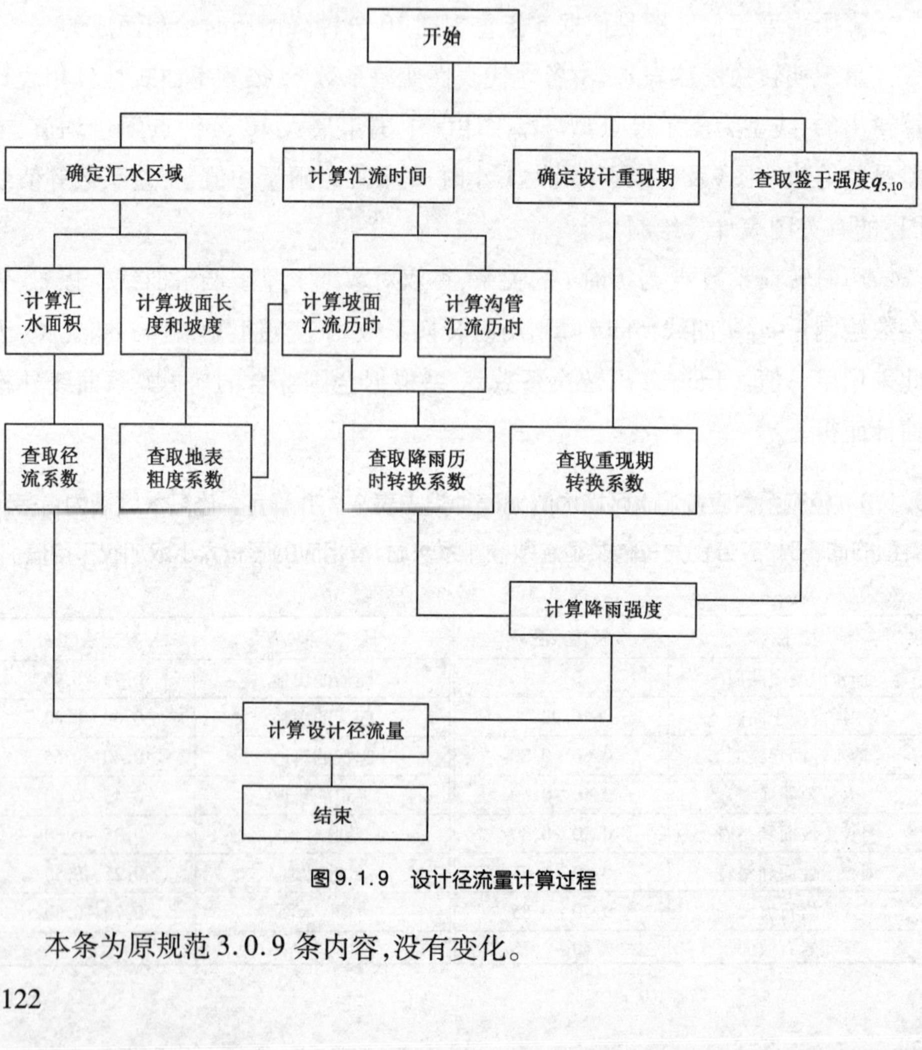

图9.1.9 设计径流量计算过程

本条为原规范3.0.9条内容,没有变化。

【示例 6】 广东湛江地区修建高速公路，选用沥青混凝土路面，单侧路面和路肩横向排水的宽度为 11.25m，坡度为 2%。路线纵向坡度为 1%。拟在路肩外边缘设置拦水带，请计算设计径流量。计算示意如图 9-1 所示。

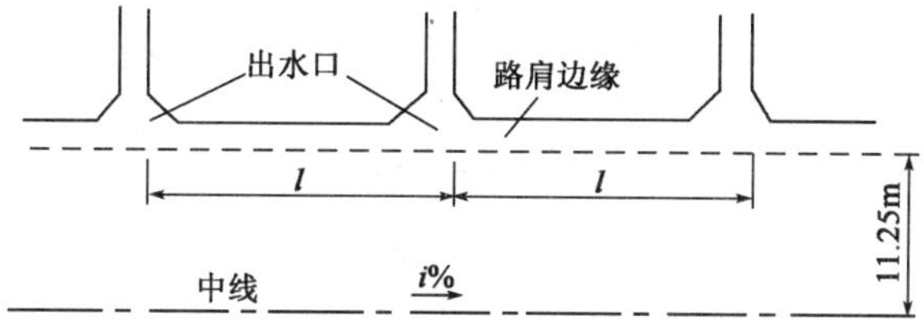

图 9-1　计算设计径流量示意图 1

(1)汇水面积和径流系数

设出水口间距为 l，两个出水口之间的汇水面积为：

$$F = l \times 11.25 \times 10^{-6}\ \mathrm{km}^2$$

由新规范表 9.1.8，查得径流系数 $\psi = 0.95$。

(2)汇流历时

设汇流历时为 5min。

(3)设计重现期

按公路的重要程度，由新规范表 9.1.2，取设计重现期为 5 年。

(4)降雨强度

按公路所在地区，由新规范图 9.1.7-1，查得 5 年重现期 10min 降雨历时的降雨强度为 $q_{5,10} = 2.8$mm/min。由新规范表 9.1.7-1，查得该地区 5 年重现期的重现期转换系数为 $c_p = 1.0$。由新规范图 9.1.7-2，查得该地区的 60min 降雨强度转换系数为 $c_{60} = 0.5$，再由新规范表 9.1.7-2 查得 5min 降雨历时转换系数为 $c_5 = 1.25$。

于是，按新规范式(9.1.7) 可计算得到降雨强度为：

$$q = 1.0 \times 1.25 \times 2.8 = 3.50\mathrm{mm/min}$$

(5)设计径流量

按新规范式(9.1.1)，设计径流量为：

$$Q = 16.67 \times 0.95 \times 3.50 \times l \times 11.25 \times 10^{-6} = 0.000\,624 l\ \mathrm{m}^3/\mathrm{s}$$

如选取出水口间距为 $l = 50$m，则设计径流量为：

$$Q = 0.000\,624 \times 50 = 0.031\,2\mathrm{m}^3/\mathrm{s}$$

(6)检验汇流历时假设

按新规范式(9.1.4),由新规范表9.1.4查得地表粗度系数为$s=0.013$,路面横坡为$i_p=0.02$,坡面流长度为$L_p=11.25$m,可计算得到坡面汇流历时:

$$t_1 = 1.445 \times \left(\frac{0.013 \times 11.25}{\sqrt{0.02}}\right)^{0.467} = 1.47\text{min}$$

按新规范式(9.1.5-2),由沟底(即路线)纵坡$i_m=1\%$,可计算得到平均流速为:

$$v_m = 20 \times 0.01^{0.6} = 1.26\text{m/s}$$

再按新规范式(9.1.5-1),可计算得到沟管汇流历时:

$$t_2 = 50/(60 \times 1.26) = 0.66\text{min}$$

由此,可得到汇流历时为:

$$t = t_1 + t_2 = 1.47 + 0.66 = 2.07\text{min} < 5\text{min}$$

【示例7】 胶东地区修建一条二级公路。路基宽12m,路面选用水泥混凝土面层。其中一段路线为岩石路堑,路线纵坡为1%。边坡坡脚和路肩边缘间设置矩形边沟,请确定设计径流量。计算示意如图9-2所示。

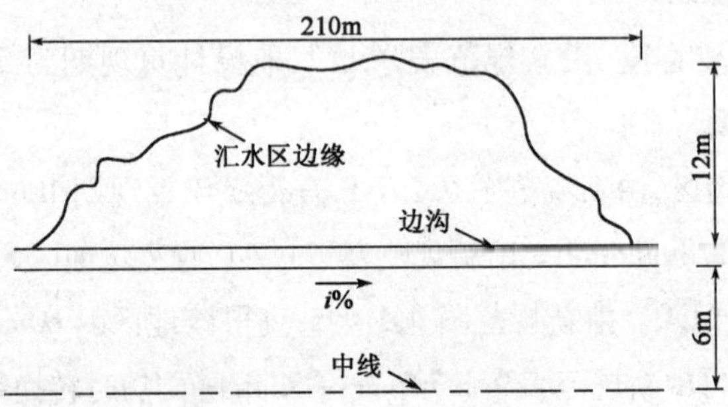

图9-2 计算设计径流量示意图2

(1)汇水面积和径流系数

汇水区域在路堑坡面一侧的面积为1 650m²。由新规范表9.1.8,硬质岩石坡面的径流系数取为$\psi_1 = 0.70$。汇水区域在路面一侧的面积为$210 \times 6 = 1\,260\text{m}^2$。由新规范表9.1.8,水泥混凝土路面的径流系数取为$\psi_2 = 0.90$。由此,总的汇水面积为$F = 1\,650 + 1\,260 = 2\,910\text{m}^2$,汇水区的径流系数为$\psi = (1\,650 \times 0.70 + 1\,260 \times 0.90)/(1\,650 + 1\,260) = 0.787$。

(2)汇流历时

假设汇流历时为 10 min。

(3)降雨强度

按新规范表 9.1.2,取设计重现期为 10 年。

查新规范图 9.1.7-1,胶东地区 5 年重现期 10min 降雨历时的降雨强度为 $q_{5,10}=2.2$。由新规范表 9.1.7-1,该地区 10 年重现期的重现期转换系数为 $c_p=1.22$。查新规范图 9.1.7-2,得到该地区 60min 降雨强度转换系数为 $c_{60}=0.40$。由新规范表 9.1.7-2,可查得 10min 降雨历时的转换系数为 $c_{10}=1.0$。由此,按新规范式(9.1.7),10 年重现期 10min 降雨历时的降雨强度为 $q=1.22\times1.0\times2.2=2.68\text{mm/min}$。

(4)设计径流量

按新规范式(9.1.1),设计径流量为:

$$Q=16.67\times0.787\times2.68\times2\,910\times10^{-6}=0.102\,3\text{m}^3/\text{s}。$$

(5)检验汇流历时

由新规范表 9.1.4,路堑边坡的粗度系数可取为 $s=0.02$,水泥混凝土路面的粗度系数取为 $s=0.013$。按新规范式(9.1.4),路堑坡面(坡度为1∶0.2,坡面流长度为 15m)的汇流历时为:

$$t_1=1.445\times\left(\frac{0.02\times15}{\sqrt{5}}\right)^{0.467}=0.57\text{min}$$

混凝土路面(横坡为 2%,坡面流长度为 6m)的汇流历时为:

$$t_1=1.445\times\left(\frac{0.013\times6}{\sqrt{0.02}}\right)^{0.467}=1.09\text{min}$$

设边沟的底宽为 0.4m,水深为 0.4m,则过水断面的断面积为 $A=0.4\times0.4=0.16\text{m}^2$,水力半径 $R=(0.4\times0.4)/(0.4+2\times0.4)=0.13\text{m}$。岩石边沟的粗糙系数取为 $n=0.035$。按满宁公式,可计算边沟内的平均流速为:

$$v=\frac{1}{0.035}\times0.13^{\frac{2}{3}}\times0.01^{0.5}=0.75\text{m/s}$$

因而,沟内汇流历时为 $t_2=l/v=210/0.75=281\text{s}=4.7\text{min}$。

由此，汇流历时为 $t = t_1 + t_2 = 1.09 + 4.7 = 5.8\ \text{min} < 10\text{min}$。

9.2 沟和管的水力计算

本节内容是在原规范 8.1 节内容基础上修订的，总条数没有变化，对原规范 8.1.4 条进行了补充修订。

9.2.1 沟和管的水力计算，应包括依据设计流量确定沟和管所需的断面尺寸，以及检查水流速度是否在允许范围内等内容。

8.1.1 排水沟和排水管的水力计算，应依据设计流量确定沟和管所需的断面尺寸，并检查其流速是否在允许范围内。

本条为原规范 8.1.1 条内容，文字稍有变动。

沟和管的设计，应使沟和管具有合理的断面形状和尺寸，既能满足排泄设计流量的需要，又不致引起冲刷和淤积，因此，要求沟和管的水利计算包括断面计算和流速检验两方面内容。

9.2.2 沟或管的泄水能力 Q_c 可按式(9.2.2)计算。

$$Q_c = vA \tag{9.2.2}$$

式中：v——沟或管内的平均流速(m/s)；

A——过水断面面积(m^2)，各种沟或管过水断面的面积计算可按附录 B 执行。

本条为原规范 8.1.2 条内容，没有变化。

9.2.3 沟或管内的平均流速 v 可按式(9.2.3)计算。

$$v = \frac{1}{n} R^{\frac{2}{3}} I^{\frac{1}{2}} \tag{9.2.3}$$

式中：n——沟壁或管壁的粗糙系数，可按表 9.2.3 查取；

R——水力半径(m)，各种沟或管的水力半径计算式可参考附录 B；

$$R = \frac{A}{\rho}$$

ρ——过水断面湿周(m);

I——水力坡度,无旁侧入流的明沟,水力坡度可采用沟的底坡;有旁侧入流的明沟,水力坡度可采用沟段的平均水面坡降。

表 9.2.3 沟壁或管壁的粗糙系数 n

沟或管类别	n	沟或管类别	n
塑料管(聚氯乙烯)	0.010	土质明沟	0.022
石棉水泥管	0.012	带杂草土质明沟	0.027
水泥混凝土管	0.013	砂砾质明沟	0.025
陶土管	0.013	岩石质明沟	0.035
铸铁管	0.015	植草皮明沟(流速 0.6m/s)	0.050~0.090
波纹管	0.027	植草皮明沟(流速 1.8m/s)	0.035~0.050
沥青路面(光滑)	0.013	浆砌片石明沟	0.025
沥青路面(粗糙)	0.016	干砌片石明沟	0.032
水泥混凝土路面(镘抹面)	0.014	水泥混凝土明沟(镘抹面)	0.015
水泥混凝土路面(拉毛)	0.016	水泥混凝土明沟(预制)	0.012

本条为原规范 8.1.3 条内容,没有变化。

9.2.4 浅沟可按以下要求计算其泄水能力:

1 单一横坡的浅三角形沟的泄水能力 Q_c 可按式(9.2.4-1)计算。

$$Q_c = 0.377 \frac{1}{i_h n} h^{\frac{8}{3}} I^{\frac{1}{2}} \tag{9.2.4-1}$$

式中:i_h——沟或过水断面的横向坡度;

h——沟或过水断面的水深(m)。

2 复合横坡浅三角形沟的泄水能力可按式(9.2.4-1)计算泄水能力乘以系数 ξ 求得,ξ 由式(9.2.4-2)确定。计算示意如图 9.2.4 所示。

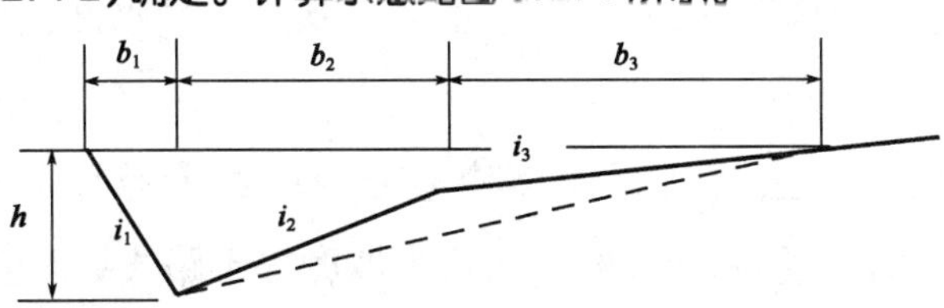

图 9.2.4 双向开口且有变坡浅三角形沟过水断面计算图

$$\xi=\{1-(1-\gamma)[(1+\alpha\beta)^{-1}-(1+\beta)^{-1}]\}^{\frac{5}{3}} \tag{9.2.4-2}$$

式中：α、β、γ——系数，其中 $\alpha=\frac{i_2}{i_3}$，$\beta=\frac{b_2}{b_3}$，$\gamma=\frac{b_1}{b_1+b_2+b_3}$。

3 其他深宽比小于 1:6 的浅沟的泄水能力可取式(9.2.2)的计算泄水能力乘以 1.2。

8.1.4 浅三角形沟或过水断面的泄水能力按下述修正公式计算。

$$Q_c = 0.377\frac{1}{i_h n}h^{\frac{8}{3}}I^{\frac{1}{2}} \tag{8.1.4}$$

式中：i_h——沟或过水断面的横向坡度；

h——沟或过水断面的水深(m)。

本条是将原规范 8.1.4 条内容作为新规范的第 1 款，新增了两款规定。

浅沟或过水断面主要指由拦水带或缘石同路肩或路面铺面构成的过水断面，或者城市道路的街沟。对于这类排水沟，由于过水断面的水面宽度远大于水深，水力半径不能充分反映这种断面的特性，因而需对满宁公式进行修正。单一横坡采用新规范式(9.2.4-1)计算其泄水能力，复合横坡采用新规范式(9.2.4-2)计算其泄水能力。在实际工程中，浅三角形沟更多为双向开口(高速、一级公路的路堑边缘和中央分隔带的浅坦三角形沟)、有变坡(混凝土侧石与硬路肩或路面构成的边沟)、双向开口且有变坡(沥青混凝土拦水带同硬路肩或路面构成的边沟)，这些形状浅三角形沟的泄水能力计算，可采用等效地换算成当量单边直立浅三角形沟之后计算。

浅沟或过水断面水力计算的内容，主要是按设计流量计算确定过水断面的水面宽度和水深。

【示例 8】 接示例 6，拦水带泄水口间距为 50m 时的设计流量为 $0.0312\text{m}^3/\text{s}$。计算为排泄此设计流量时拦水带内侧过水断面的水面宽度和水深。

由新规范表 9.2.3，可查得表面构造光滑的沥青路面的粗糙系数 $n=0.013$。路肩的横向坡度为 $i_h=3\%$。取水力坡度等于路线纵向坡度，$I=1\%$。

将上述数值代入新规范式(9.2.4-1)，即：

$$0.0312 = 0.377 \times \frac{1}{0.03 \times 0.013} h^{\frac{8}{3}} \times 0.01^{0.5}$$

由此，可算得水深 $h = 0.049\text{m}$。进而得到水面宽度为 $B_s = \frac{h}{i_h} = 0.049/0.03 = 1.63\text{m}$。此宽度小于路肩宽度（$= 2.5\text{m}$）。因而，出现设计降雨时拦水带内过水断面的水面不会侵入行车道。

9.2.5 沟和管的允许流速应符合以下规定：

1 明沟的最小允许流速为 0.4m/s，暗沟和管的最小允许流速为 0.75m/s。

2 管的最大允许流速为：金属管 10m/s；非金属管 5m/s。

3 明沟的最大允许流速，可根据沟壁材料和水深修正系数确定。不同沟壁材料在水深为 0.4～1.0m 时的最大允许流速，可按表 9.2.5-1 取用；其他水深的最大允许流速，应乘以表 9.2.5-2 中相应的水深修正系数。

表 9.2.5-1 明沟的最大允许流速（m/s）

明沟类别	亚砂土	亚黏土	干砌片石	浆砌片石	黏土	草皮护面	水泥混凝土
允许最大流速	0.8	1.0	2.0	3.0	1.2	1.6	4.0

表 9.2.5-2 最大允许流速的水深修正系数

水深 h(m)	≤0.4	$0.4 < h \leq 1.0$	$1.0 < h < 2.0$	$h \geq 2.0$
修正系数	0.85	1.00	1.25	1.40

本条为原规范 8.1.5 条内容，没有变化。

9.3 泄水口水力计算

本节为原规范 8.2 节内容，基本没有变化。

9.3.1 泄水口的水力计算，应包括依据设计流量和截流要求确定泄水口的尺寸和布设间距等内容。

8.2.1 泄水口的水力计算，应依据设计流量和截流要求确定泄水口的尺寸和布设间距。

本条为原规范8.2.1条内容，基本没有变化。

路面表面排水中由拦水带或缘石所构成的过水断面的泄水口，包括开口式和格栅式泄水口。格栅式泄水口也用作中央分隔带内排水沟或其他沟渠的泄水口。泄水口水力计算的主要内容是，确定泄水口的截流量和布设间距。影响开口式泄水口截流率的主要因素是开口的长度以及低凹区的宽度和下凹深度，影响格栅式泄水口截流率的主要因素是格栅的宽度和格栅孔口的有效泄水面积。因而，水力计算的目的是按设计流量的要求合理选择和确定泄水口的尺寸和布设间距。

9.3.2　在纵坡坡段上的开口式泄水口，设计泄水量应根据开口长度 L_i、低凹区的宽度 B_w、下凹深度 h_a 以及过水断面的纵向坡度 i_z 和横向坡度 i_h 确定，如图9.3.2所示。可利用附录C中图C-1～图C-6查取截流率（Q_0/Q_c）后，按过水断面泄水能力 Q_c 确定其设计泄水量 Q_0，泄水口开口长度、下凹区宽度和下凹深度取值应根据喇叭口的形状和尺寸确定。

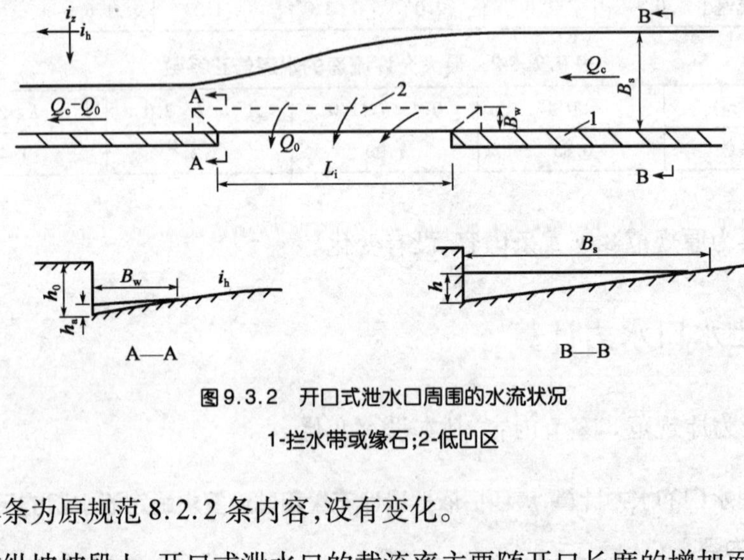

图9.3.2　开口式泄水口周围的水流状况

1-拦水带或缘石；2-低凹区

本条为原规范8.2.2条内容，没有变化。

在纵坡坡段上，开口式泄水口的截流率主要随开口长度的增加而增大，也同开口处是否设置低凹区有关。低凹区越宽，下凹深度越大，截流量便越大。由于计算公式较烦琐，因此，本规范推荐采用诺模图的形式，列出了几种常用开口长度和低凹区尺寸组合条件下的截流率计算用图(见新规范附录 C)。

【示例 9】 接示例 8,间距 50m 的拦水带泄水口,采用 1.5m 长的开口,低凹区宽度 $B_w=0.3\text{m}$,下凹深度为 $h_a=0.025\text{m}$。请计算确定其泄水量。

由示例 8 已知,$Q_c=0.0312\text{m}^3/\text{s}$,$i_h=3\%$,$i_z=1\%$,$B_s=1.63\text{m}$。

利用新规范附录 C 图 C-1,由 $B_s=1.63\text{m}$ 处引竖线同 $i_z=1\%$ 线相交,再引水平线同 $i_h=3\%$ 线相交,然后引竖线得泄水口的截流率为 $\frac{Q_0}{Q_c}=0.63$。由此得到泄水量为:

$$Q_0=0.63\times Q_c=0.63\times 0.0312=0.020\text{m}^3/\text{s}$$

9.3.3 在凹形竖曲线底部的开口式泄水口的设计泄水量,应按泄水口处的水深和泄水口的尺寸确定。

1 开口处设有低凹区,当井口处的净高 h_0 大于或等于由图 9.3.3-1 确定的满足堰流要求的最小高度 h_m 时,可利用图 9.3.3-2 确定开口的泄水量 Q_0 或最大水深 h_i。

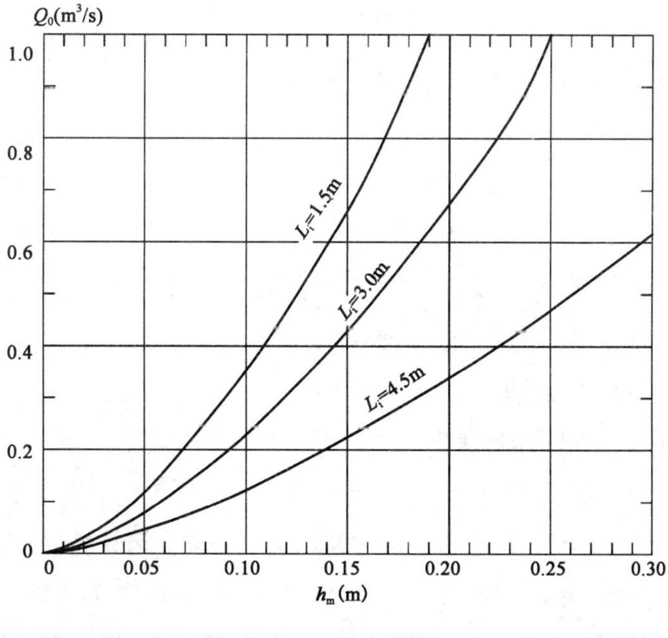

图 9.3.3-1 开口式泄水口满足堰流要求的最小开口高度 h_m 计算图

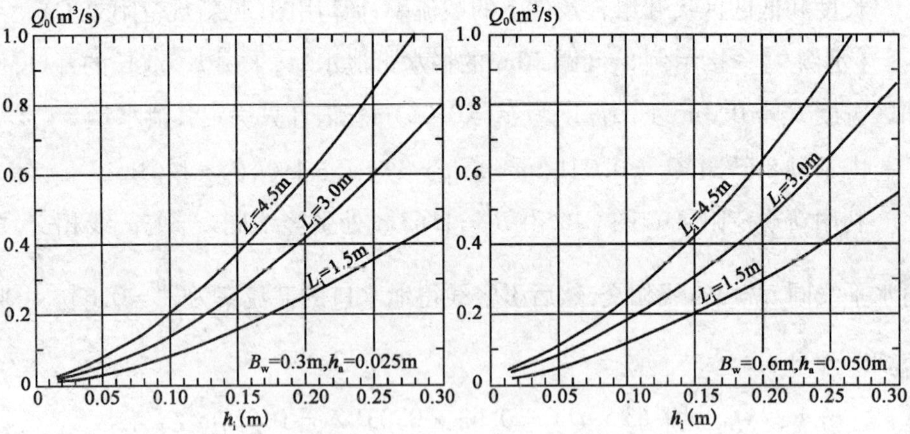

图 9.3.3-2 开口处净高 h_0 大于或等于 h_m 时开口的泄水量 Q_0 或最大水深 h_i 计算图

2 不设低凹区时可按式(9.3.3-1)确定其泄水量 Q_0。

$$Q_0 = 1.66 L_i h_i^{1.5} \tag{9.3.3-1}$$

3 当开口处水深 h_i 超过净高 h_0 的 1.4 倍时,可按式(9.3.3-2)确定其泄水量 Q_0。

$$Q_0 = 13.14 h_0 L_i (h_i - 0.5h_0) \tag{9.3.3-2}$$

本条为原规范 8.2.3 条内容,没有变化。

在凹形竖曲线底部,表面水由前后两个方向向下流入泄水口。水流进入泄水口的状态,同该处的水深有关。当水深低于泄水口的孔口高度(即拦水带或缘石高度)时,水流呈堰流状态。而当水深淹没开口,超过 1.4 倍孔口高度时,水流呈孔口流状态。水深在这二者之间时,水流处于中间状态。新规范图 9.3.3-1 中的曲线绘示的是通过试验确定的满足堰流条件的孔口最小高度要求。此曲线也可用于判别水流状态。

【示例 10】 在两侧切线纵坡均为 1% 的竖曲线底部,设置 $L_i = 1.5$m 长的开口式泄水口,由各侧流向泄水口的流量均为 0.031 2m³/s,开口处的净高(即拦水带高度)为 $h_0 = 0.12$m,其他条件与示例 9 相同。请计算确定排泄此设计流量时泄水口处的水深。

由两侧进入泄水口的设计流量为 $Q_c = 2 \times 0.031\,2 = 0.062\,4$m³/s。

先假设泄水口处水流呈堰流状态。

(1)开口处设低凹区时。由新规范图 9.3.3-1 可查取得到，在 Q_0 = 0.062 4m^3/s和 L_i = 1.5m 时，满足堰流要求的最小高度 h_m = 0.06m。$h_m < h_0$ (=0.12m)，因而符合堰流条件。

由新规范图 9.3.3-2，可查取得到 Q_0 = 0.062 4m^3/s 和 L_i = 1.5m 时泄水口处的水深 h_i = 0.09m。

(2)开口处不设低凹区时，则由新规范式(9.3.3-1)，0.062 4 = 1.66 × 1.5$h_i^{1.5}$可得到泄水口处的水深为 h_i = 0.08m。

由此，无论开口处设或不设低凹区，泄水口处的水深均小于拦水带高度。

9.3.4 在纵坡坡段上的格栅式泄水口，其设计泄水量为过水断面中格栅宽度 B_g 所截流的部分，如图 9.3.4 所示，可利用式(9.2.4-1)确定。格栅孔口所需的最小净长度 L_g 可按式(9.3.4)确定。

$$L_g = 0.91 v_g (h_i + d)^{0.5} \qquad (9.3.4)$$

式中：L_g——格栅孔口的最小净长度(m)；

v_g——格栅宽度范围内水流的平均流速(m/s)；

d——格栅栅条的厚度(m)。

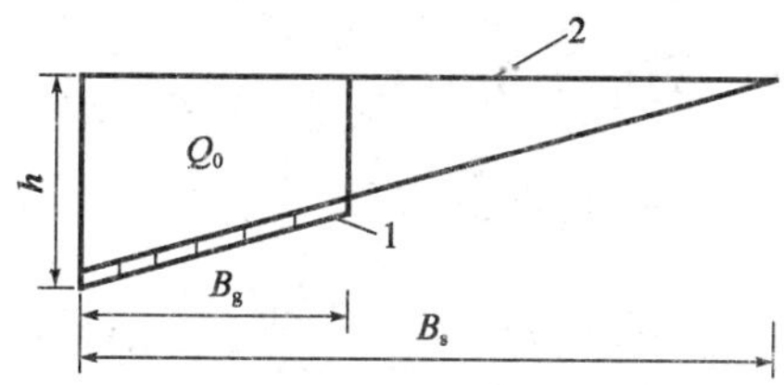

图 9.3.4 格栅式泄水口过水断面

1-格栅；2-水面

本条为原规范 8.2.4 条内容，没有变化。

在纵坡坡段上，格栅式泄水口会拦截所有流经该格栅宽度范围内的水流，而流在宽度范围外的水流则溢流到泄水口的下方，汇同下方的径流流向下一个泄水口。因而，格栅的泄水量可利用浅三角形沟或过水断面的流量计算公式，先确定其过水断面后，按格栅宽度所截取的过水断面面积确定，如新规范图9.3.4所示。

格栅的铁条平行于水流方向布置，其孔口间隙应至少占格栅宽度的一半以上。同时，孔口应有足够的长度，使水能自由落入，以保证格栅的泄水效率。为此，提出了满足孔口最小净长度的要求。

【示例 11】 在高速公路超高段上方的左侧路缘带边缘采用缘石过水断

面。其泄水口为格栅式，格栅有效宽度 $B_g=0.4\text{m}$。路线纵坡 $i_z=1\%$，路面横坡 $i_h=2\%$。泄水口间距为50m时的设计流量为 $Q_c=0.0312\text{m}^3/\text{s}$。请计算确定其泄水量和格栅孔口所需的净长度。

(1)计算格栅外缘处的水深

由新规范式(9.2.4-1)，先计算得到过水断面的水深(h)：

$$0.0312 = 0.377 \times \frac{1}{0.02 \times 0.013} h^{\frac{8}{3}} \times 0.01^{0.5}$$

$$h = 0.042\text{m}$$

由格栅宽度 $B_g=0.4\text{m}$，可推算格栅外缘处的水深(h_i)：

$$h_i = h - B_g i_h = 0.042 - 0.4 \times 0.02 = 0.034\text{m}$$

(2)计算格栅截流量

利用新规范式(9.2.4-1)，计算 $h_i=0.034\text{m}$ 时格栅外侧的断面流量(Q_b)：

$$Q_b = 0.377 \times \frac{1}{0.03 \times 0.013} 0.034^{\frac{8}{3}} \times 0.01^{0.5} = 0.0176\text{m}^3/\text{s}$$

由此，泄水量为 $Q_0=Q_c-Q_b=0.0312-0.0176=0.0136\text{m}^3/\text{s}$

泄水口的截流率为 $\frac{Q_0}{Q_c}=0.0136/0.0312=43.6\%$

(3)确定格栅长度

格栅宽度范围内水流的平均流速为：

$$v_g = \frac{Q_0}{A_i} = \frac{0.0136}{0.5 \times (0.042 + 0.034) \times 0.4} = 0.89\text{m/s}$$

选用格栅铁条的厚度为0.08m。按新规范式(9.3.4)计算格栅孔口的最小净长度：

$$L_g = 0.91 \times 0.89 \times (0.042 + 0.08)^{0.5} = 0.28\text{m}$$

取格栅的长度为0.5m。

9.3.5 在凹形竖曲线底部的格栅式泄水口，其泄水量计算应符合以下规定：

1 当格栅上面的水深 h_i 小于0.12m时，泄水量 Q_0 可按下式(9.3.5-1)计算。

$$Q_0 = 1.66 p_g h_i^{1.5} \tag{9.3.5-1}$$

式中：p_g——格栅的有效周边长，为格栅进水周边边长之和的一半（m）。

2 当格栅上面的水深 h_i 大于 0.43m 时，泄水量 Q_0 可按下式（9.3.5-2）计算。

$$Q_0 = 2.96 S_i h_i^{0.5} \tag{9.3.5-2}$$

式中：S_i——格栅孔口净泄水面积的一半（m^2）。

3 当格栅上的水深处于 0.12～0.43m 之间时，其泄水量介于式（9.3.5-1）和式（9.3.5-2）的计算结果之间，可按水深通过直线内插得到。

本条为原规范 8.2.5 条内容，没有变化。

在凹形竖曲线底部，泄水口有前后两个方向的进水。其水流状态同格栅上面的水深有关。当水深小于 0.12m 时，进入泄水口的水流为堰流状态，堰顶的长度大致等于格栅进水周边的边长。靠缘石或拦水带一侧的周边不计入内。当水深超过 0.43m 时，进入泄水口的水流呈孔口流状态，其泄水量同格栅的孔口净面积有关。而当水深处于 0.12～0.43m 之间时，由于紊流和其他干扰，进入泄水口的水流呈不确定状态，其泄水量在两种状态的泄水量之间，可按水深通过直线插值近似确定。

因为格栅孔口的空隙有可能被杂物堵塞，因此，规定进水周边边长和孔口净进水面积的有效值均按实际数值除以安全系数 2 后取用。

【示例 12】 在两侧切线纵坡均为 1% 的竖曲线底部设置格栅式泄水口，由各侧流向泄水口的流量均为 0.037m^3/s。缘石的外露高度为 0.15m，格栅的有效宽度取为 0.4m，长度取为 0.5m，孔口的净泄水面积为格栅面积的一半。请计算确定排泄设计流量时泄水口处的水深。

进入泄水口的设计流量为 $Q_c = 2 \times 0.037 = 0.074\ m^3/s$。

（1）先假设泄水口处的水流处于堰流状态。

格栅的有效周边长为 $p_g = 0.5(2 \times 0.4 + 0.5) = 0.65m$。

按新规范式（9.3.5-1），$0.074 = 1.66 \times 0.65 h_i^{1.5}$，可得格栅上的水深为 $h_i = 0.15m > 0.12m$，超过堰流的条件。

（2）再假设水流处于孔口流状态。

格栅孔口的净泄水面积为 $A_i = 0.5 \times 0.4 \times 0.5 \times 0.5 = 0.05m^2$。

按新规范式(9.3.5-2),$0.074 = 2.96 \times 0.05 h_i^{0.5}$,可得到格栅上的水深为 $h_i = 0.16\text{m} < 0.43\text{m}$,小于孔口流的条件。因而,水流处于不确定状态。

(3)按直线插值方法确定水深。

$h_i = 0.12\text{m}$ 时,$Q_0 = 1.66 \times 0.65 \times 0.12^{1.5} = 0.045\text{m}^3/\text{s}$。

$h_i = 0.43\text{m}$ 时,$Q_0 = 2.96 \times 0.05 \times 0.43^{0.5} = 0.097\text{m}^3/\text{s}$。

设计流量为 $Q_c = 0.074\ \text{m}^3/\text{s}$ 时,$h_i = 0.12 + (0.43 - 0.12)(0.074 - 0.045)/(0.097 - 0.045) = 0.29\text{m}$。

(4)选定格栅尺寸。

此泄水口上的水深显然过大,超出了缘石或拦水带的高度。因而,需增加泄水口,以提高泄水能力。现选用 3 个 0.5m 长的格栅,其有效宽度仍为 0.4m。这样,格栅的有效周边长增加为:

$$p_g = 0.5(2 \times 0.4 + 1.5) = 1.15\text{m}$$

按新规范式(9.3.5-1),$0.074 = 1.66 \times 1.15 h_i^{1.5}$,可得格栅上的水深为 $h_i = 0.11\text{m}$,低于缘石或拦水带的高度,符合要求。

9.3.6 在纵坡坡段上,上方第一个泄水口的位置按保证过水断面或沟内的水面宽度不超出第 4.2.1 条第 4 款规定的允许范围的原则确定,随后各泄水口的间距按该段长度内所产生的径流量与该泄水口的泄水量相等的原则计算确定。坡段上最后一个泄水口的溢流量计入进入凹形竖曲线底部的泄水口的流量。

8.2.6 在纵坡坡段上,上方第一个泄水口的位置按过水断面或沟内的水面宽度控制在允许范围内的要求设立,随后各泄水口的间距按该段长度内所产生的径流量与该泄水口的泄水量相等计算确定。坡段上最后一个泄水口的溢流量进入凹形竖曲线底部的泄水口。

本条为原规范 8.2.6 条内容,文字稍有变化。

在纵坡坡段上,泄水口的布置间距主要按过水断面或沟内的水面宽度限制在允许范围内的要求,或者流速不超过最大允许流速的要求确定。设计时,先从坡段的上方开始,确定第一个泄水口的位置。随后的泄水口,主要排泄泄水口之间的表面径流量加上由上一个泄水口溢流来的流量，而总泄水量仍受水面宽度范围或最大允许流速的限制。因而，可按每一个泄水口的泄水能力来确定其间距。坡段上最后一个泄水口的溢流量则流向竖曲线底部的泄水口排泄。因而，底部泄水口的泄水量便为从前后泄水口溢流来的流量以及前后泄水口之间的表面径流量。

【示例13】 在坡度为1%的连续坡段上确定拦水带开口式泄水口的布置间距。设计流量与示例6相同。拦水带内侧过水断面的水面宽度不得超过路肩宽，即 $B_s \leqslant 2.5\text{m}$。

(1)上方第一个泄水口位置

由示例6，设计流量同泄水口间距的关系为 $Q = 0.000\,624l$。设 $B_s = 2.5\text{m}$，拦水带内缘处的水深为 $h = B_s i_h = 2.5 \times 0.03 = 0.075\text{m}$。

由新规范式(9.2.4-1)，可计算拦水带过水断面的泄水量：

$$Q_c = 0.377 \times \frac{1}{0.03 \times 0.013} 0.075^{\frac{8}{3}} \times 0.01^{0.5} = 0.097\text{m}^3/\text{s}$$

由 $Q_c = Q$，便可得到第一个泄水口距坡段起点的位置为 $l = 0.097/0.000\,624 = 155.4\text{m}$。取整数为160m。

(2)下方泄水口的间距

采用开口式泄水口(开口的尺寸与示例9相同)时，其间距按开口的泄水能力计算。

由附录C图C-1可查取得到，水面宽 $B_s = 2.5\text{m}$，纵坡 $i_z = 1\%$ 和横坡 $i_h = 3\%$ 时，开口的截流率为 $Q_0/Q_c = 0.375$。由此，泄水量为 $Q_0 = 0.375 \times Q_c = 0.375 \times 0.097 = 0.036\,4\text{m}^3/\text{s}$。

由 $Q_0 = Q_c$，便可得到泄水口的间距为 $l = 0.036\,4/0.000\,73 = 49.86\text{m}$。取整数为50m。

第一个泄水口的位置离坡段起点160m，距离过长。为采用统一的泄水口间距，将第一个泄水口也设在距坡段起点50m处。由于间距缩短，路面表面径流量相应减少为 $Q = 0.000\,624l = 0.000\,624 \times 50 = 0.031\,2\text{m}^3/\text{s}$。拦水带过

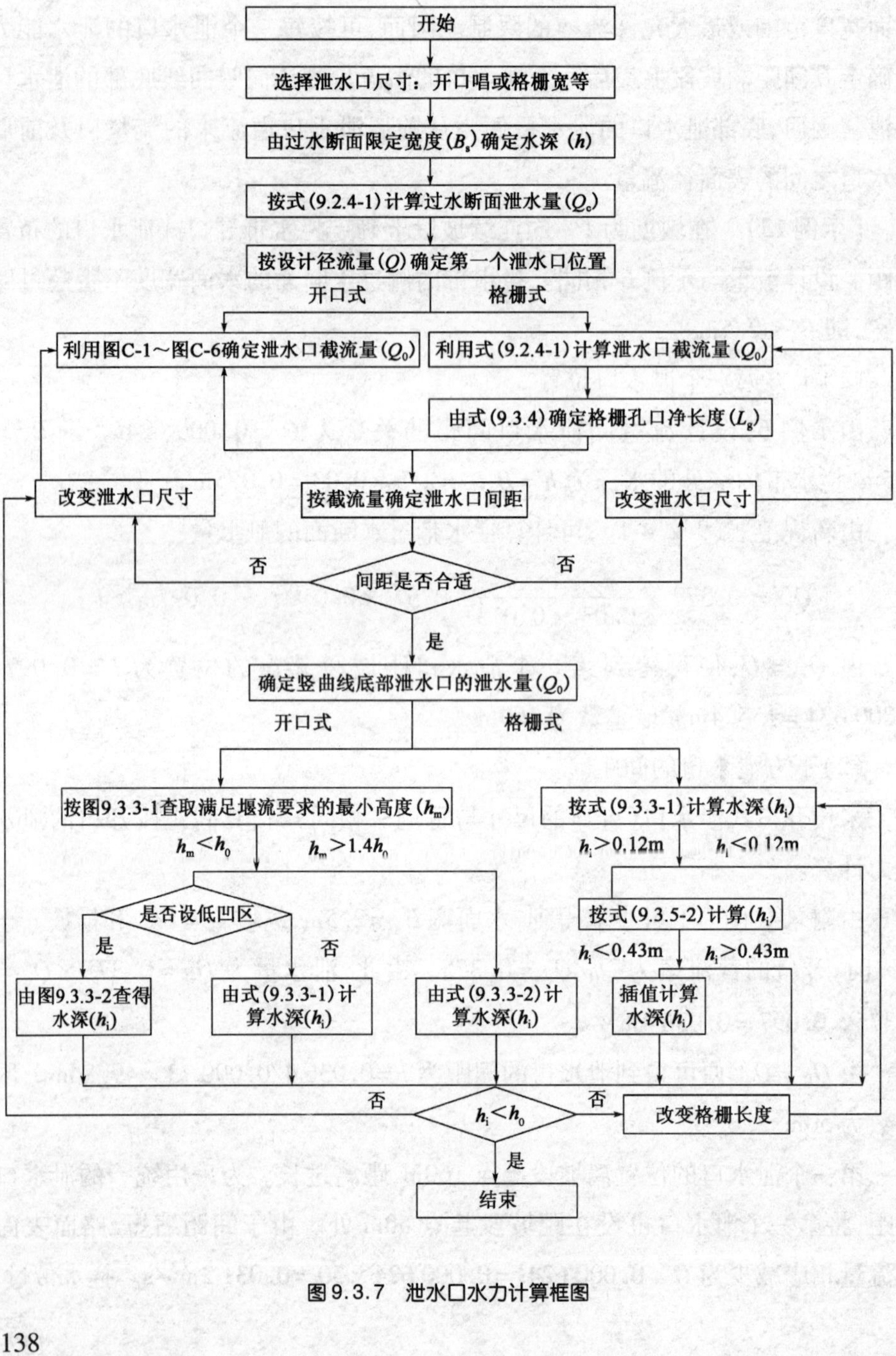

图 9.3.7 泄水口水力计算框图

水断面的水深降为：

$$0.0312 = 0.377 \times \frac{1}{0.03 \times 0.013} h^{\frac{8}{3}} \times 0.01^{0.5}$$

$$= 0.0176\text{m}^3/\text{s}$$

$$h = 0.049\text{m}$$

过水断面的水面宽度减少为 $B_s = \frac{h}{i_h} = 0.049/0.03 = 1.63\text{m}$。

坡段上最后一个泄水口向竖曲线底部泄水口溢流的流量为$(1-0.375) \times 0.097 = 0.061\text{m}^3/\text{s}$。如果两个泄水口之间的距离 31m，则此段间距内的表面径流量为 $0.000624 \times 31 = 0.019\text{m}^3/\text{s}$。从一侧坡段上流向底部泄水口的径流量便为 $0.061 + 0.019 = 0.08\text{m}^3/\text{s}$。可以采用相同方法计算另一侧坡段上流向底部泄水口的径流量，叠加后，便可得到底部泄水口的设计流量。

9.3.7 拦水带或缘石泄水口水力计算的过程，可按图 9.3.7 进行；其他情况的泄水口，可参考进行。

本条为原规范 8.2.7 条内容，没有变化。

图 9.3.7 所示的泄水口水力计算框图，系主要针对拦水带或缘石过水断面的泄水口而设计的。对于其他情况的泄水口，可酌情作些变动后使用。例如，中央分隔带内的格栅式泄水口，第一个泄水口位置和随后各泄水口间距的计算确定，还须增加最大允许流速的考虑。

9.4 地下排水设施水力计算

本节是在原规范 8.3 节渗沟流量计算的基础上修订的，新增两条规定。

9.4.1 渗沟沟底设在不透水层上或不透水层内，且不透水层的横向坡度较小时，可采用地下水自然流动速度近于零的假设，按式(9.4.1-1)～式(9.4.1-4)计算单位长度渗沟由沟壁一侧流入沟内的流量，如图 9.4.1 所示。当水由两侧流入渗沟内时，上述渗沟流量应乘以 2。

$$Q_s = \frac{k_h(h_c^2 - h_g^2)}{2L_s} \tag{9.4.1-1}$$

$$h_g = \frac{I_0}{2 - I_0} h_c \tag{9.4.1-2}$$

$$L_s = \frac{h_c - h_g}{I_0} \tag{9.4.1-3}$$

$$I_0 = \frac{1}{3\,000\sqrt{k_h}} \tag{9.4.1-4}$$

式中：Q_s——单位长度渗沟一侧沟壁的地下水渗入量[$m^3/(s \cdot m)$]；

h_c——含水层内地下水位的高度(m)；

h_g——渗沟内的水流深度(m)；当渗沟底位于不透水层内，且渗沟内水面低于不透水层顶面时，按式(9.4.1-2)取用；

k_h——含水层材料的渗透系数(m/s)，见表6.2.5；

L_s——地下水位受渗沟影响而降落的水平距离(m)，可按式(9.4.1-3)确定；

I_0——地下水位降落曲线的平均坡度，可按含水层材料的渗透系数由近似公式(9.4.1-4)估算。

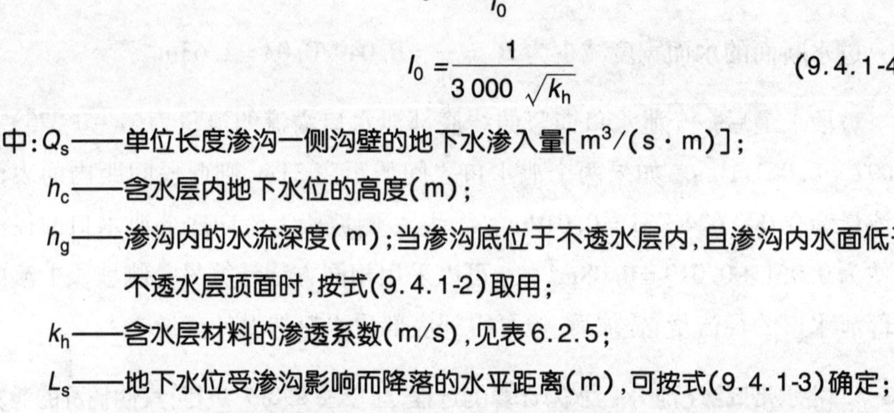

图9.4.1　不透水层坡度平缓时的渗沟流量计算

a)沟底设在不透水层上；b)沟底设在不透水层内

1-渗沟；2-地下水位；3-地下水降落曲线

本条为原规范8.3.1条内容，没有变化。

式(9.4.1-4)为平均坡降与渗透系数的近似经验关系式，在缺乏试验观测资料时，可利用它来估计平均坡降。

9.4.2　渗沟沟底距不透水层顶面较远时，位于含水层内的单位长度渗沟的流量 Q_s 可按式(9.4.2)计算确定，如图9.4.2所示。

$$Q_s = \frac{\pi k_h h_s}{2\ln\left(\frac{2L_s}{L_l}\right)} \tag{9.4.2}$$

式中：L_l——两相邻渗沟间距之半(m)；

h_s——渗沟位置处地下水位的下降幅度(m)。

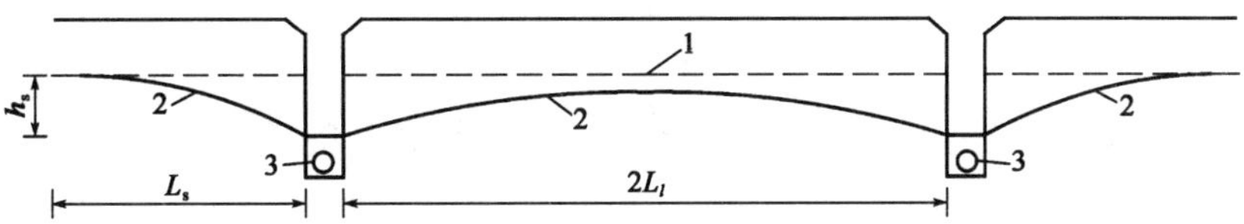

图 9.4.2　渗沟沟底距不透水层顶面较远时渗沟流量的计算

1-原地下水位;2-降低后地下水位;3-渗沟

本条为原规范 8.3.2 条内容，没有变化。

9.4.3　不透水层的横向坡度较陡时，可按式(9.4.3)计算单位长度渗沟由沟壁一侧流入沟内的流量 Q_s，如图 9.4.3 所示。

$$Q_s = k_h i_h h_s \tag{9.4.3}$$

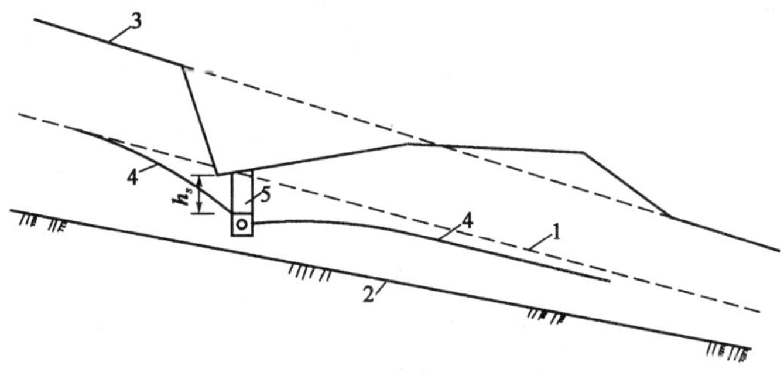

图 9.4.3　不透水层的横向坡度较陡时的渗沟流量计算

1-原地下水位;2-不透水层;3-坡面;4-设渗沟后地下水位;5-渗沟

本条为原规范 8.3.3 条内容，没有变化。

9.4.4　渗沟水力计算应符合以下规定：

1　盲沟(填石渗沟)泄水能力 Q_c 应按式(9.4.4-1)计算。

$$Q_c = wk_m \sqrt{i_z} \tag{9.4.4-1}$$

式中：w——渗透面积（m^2）；

k_m——紊流状态时的渗流系数（m/s），当已知填料粒径 d（cm）和孔隙率 n（%）时，按式（9.4.4-2）计算，也可参考表 9.4.4 确定。

$$k_m = \left(20 - \frac{14}{d}\right) n \cdot \sqrt{d} \tag{9.4.4-2}$$

设每颗填料均为球体（体积 $= \frac{1}{6}\pi d^3$），则 N 颗填料的平均粒径 d（cm）可按式（9.4.4-3）计算。

$$d = \sqrt[3]{\frac{6G}{\pi N \gamma_s}} \tag{9.4.4-3}$$

式中：γ_s——填料固体粒径的重度（kN/m^3）；

G——N 颗填料的重力（kN）。

表 9.4.4 排水层填料渗透系数

换算成球形的颗粒直径 d（cm）	排水层填料孔隙率（%）		
	0.40	0.45	0.50
	渗透系数 k_m（m/s）		
5	0.15	0.17	0.19
10	0.23	0.26	0.29
15	0.30	0.33	0.37
20	0.35	0.39	0.43
25	0.39	0.44	0.49
30	0.43	0.48	0.53

2 洞（管）式渗沟的泄水能力 Q_c 应按式（9.2.2）计算。

本条为新增内容。

9.4.5 渗沟埋置深度 h_2，应按式（9.4.5）计算，如图 9.4.5 所示。

$$h_2 = Z + p + \varepsilon + f + h_3 - h_1 \tag{9.4.5}$$

式中：h_2——渗沟埋置深度（m）；

Z——沿路基中线的冻结深度（m），非冰冻地区取 0；

p——冻结地区沿中线处冻结线至毛细水上升曲线的间距，可取 0.25m；非冰冻地区路床顶面至毛细水上升曲线的距离，可取 0.5m；

ε——毛细水上升高度(m)；

f——路基范围内水力降落曲线的最大高度(m)，与路基宽度 B_0 及 l_0 有关，可近似取 $f = B_0/l_0$；

h_3——渗沟底部的水柱高度(m)，一般取 0.3～0.4m；

h_1——自路基中线顶高计算的边沟深度(m)。

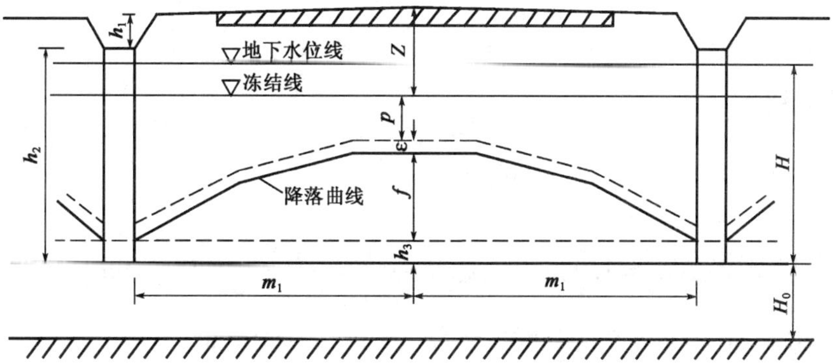

图 9.4.5　渗沟埋置深度计算

H-地下水位高度；H_0-隔水层高度；m_1-渗沟边缘至路基中线的距离

本条为新增内容。

渗沟埋深对降低地下水位和工程造价有直接影响，渗沟的埋置深度与其用途、所在位置及冻结深度有关。

【示例 14】　高速公路经过低洼地，地下水位深 0.5m，土质为粉砂土。受设计高程限制，路堤顶面离地面 0.8m。现设计路面结构厚 0.8m，为保证结构稳定性，要求路床顶面到地下水位的距离不小于 0.8m。为此，须降低地下水位 0.3m。路堤两侧排水沟的间距为 26m，请设计地下排水沟。

在路堤两侧排水沟下设置地下排水沟。参照新规范表 6.2.5 选取粉砂土的渗透系数为 1×10^{-3}cm/s 或 1×10^{-5}m/s。由新规范式(9.4.1-4)，地下水位降落曲线的平均坡度为：

$$I_0 = \frac{1}{3\,000\sqrt{k}} = \frac{1}{3\,000 \times \sqrt{1 \times 10^{-5}}} = 0.105\,4$$

地下水位受排水沟影响而降落的水平距离 $L_s = \frac{h_s}{I_0}$。其中，h_s 为地下排水管位置处的地下水位降低量。设地下水位降落曲线可由下式表述（x 为水平距离，y 为高程）：

$$\frac{x}{L_s} = \frac{y^2}{h_s}$$

则，路中心线处的水平距离为 $x = L_l = 13\text{m}$，高程为 $y = h_s - 0.3$。以此代入上式，可得到：

$$L_l I_0 = \frac{(h_s - 0.3)^2}{h_s}$$

解上式，得到 $h_s = 1.92\text{m}$。由此，$L_s = \frac{h_s}{I_0} = \frac{1.92}{0.105\,4} = 18.216\text{m}$。

由新规范式（9.4.2），单位长度排水沟的设计渗流量为：

$$Q_s = \frac{\pi k_h h_s}{2\ln\left(\frac{2L_s}{L_l}\right)} = \frac{\pi \times 1 \times 10^{-5} \times 1.92}{2 \times \ln\left(\frac{2 \times 18.216}{13}\right)} = 0.000\,029\,3\text{m}^3/\text{s}$$

设透水管内的流速为 1.0m/s，并取安全系数为 3.0，则可按下式确定所需的透水管面积：

$$A = \frac{qlF}{v}$$

式中：A——透水管所需的过水断面面积（m^2）；

q——透水管每延米长度的设计流量（m^3/s）；

l——透水管长度（出水口距离）（m）；

v——管内平均流速（m/s），约为 0.3～1.0m/s；

F——安全系数，由现场试验确定渗透系数时，F 可取为 1.5；由室内试验确定渗透系数时，F 取为 2.0；按土质类型估计渗透系数时，F 取为 3.0。

则透水管面积 $A = \frac{qlF}{v} = \frac{2.93 \times 10^{-5} \times 200 \times 3}{1.0} = 0.0176\text{m}^2$。

相应的透水管直径为 $d = \left(\frac{4A}{\pi}\right)^{0.5} = (4 \times 0.0176/3.1416)^{0.5} = 0.149\text{m}$。设地下排水沟的长度大于150m，故取透水管直径为 $d = 0.20\text{m}$。

设排水沟处地下水位到透水管中心的高度差为0.10m，透水管底部铺设0.15m厚的回填料，则地下排水沟的设计深度(自地面算起)为：

$$H = 0.50 + 0.30 + 1.92 + 0.10 + 0.15 = 2.97\text{m}$$

【示例15】 设一边沟下面的盲沟，已知设计流量为 $0.005\text{m}^3/\text{s}$，$i = 3.5\%$，盲沟底宽 $b = 0.4\text{m}$，用平均直径5cm的碎石作排水层填料。请计算盲沟高度。

查新规范表9.4.4，可以得出排水层填料的渗透系数。当用平均直径为5cm的碎石作排水层填料时，取孔隙度 $n = 0.50$，则渗透系数 $k_m = 0.19\text{m/s}$。按新规范式(9.4.4-1)计算得：

$$0.005 = 0.4 \times h \times 0.19 \times \sqrt{0.035}$$

解得 $h = 0.35\text{m}$。

9.4.6 渗井计算应符合以下规定：

1 位于含水层内的单位长度渗井的流量 Q_s 应按式(9.4.6-1)计算确定(图9.4.6)。

$$Q_s = 1.36\frac{k_h(h_j^2 - h_d^2)}{\lg\frac{R}{r_0}} \tag{9.4.6-1}$$

式中：h_j——井内水深(m)；

h_d——地下水位高于井底的高度(m)；

R——影响半径(m)，可根据抽水试验确定，或用下列经验公式计算：

$$R = 3000S\sqrt{k_h}$$

S——抽水降深(m)，即地下水位与井内水位的高差，对于渗水井：

$$S = h_j - h_d$$

r_0——渗井半径(m)。

2　可据渗井的最大排水量(设计流量Q_s),按式(9.4.6-2)估算渗井孔径D。

$$D=\frac{Q_s}{65\pi h_j\sqrt[3]{k_h}} \quad (9.4.6\text{-}2)$$

式中:Q_s——设计流量(m^3/s)。

3　当需要排除的水量较多,单个井点的孔径又不宜过大时,可采取群井分担排水,井点的数量可按式(9.4.6-3)估算,且平面间距不宜大于两倍影响半径($2R$)。

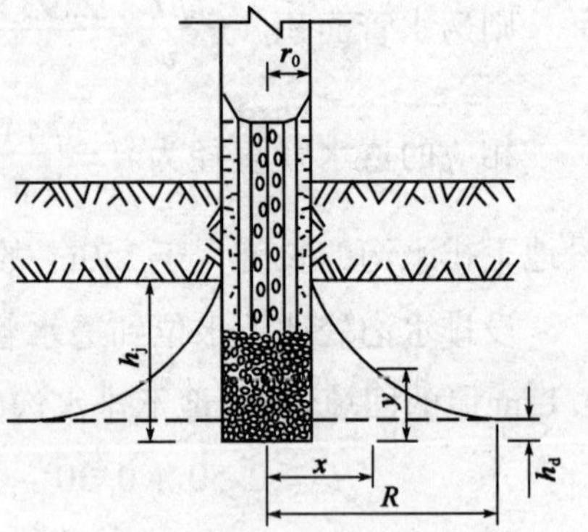

图9.4.6　含水层内渗井的流量计算

$$N=\frac{1}{\beta}\frac{W}{Q_s t_p} \quad (9.4.6\text{-}3)$$

式中:N——井点的数量(个);

W——降低地下水所需的总排水量(m^3);

t_p——达到预定下降水位所需的排水时间(h);

Q_s——单井的排水能力(m^3/h);

β——群井的相互干扰系数,一般取0.24~0.33。

本条为新增内容。

当地下水埋藏较深或为固定含水层或在多层含水的地基上,如果影响路基的地下含水层较薄,且平式排水渗沟不宜布置时,可考虑设置渗井。渗井施工难度大,单位面积造价高,一般不轻易采用。当土基含水率较大,路面翻浆,彻底解决地面、地下水困难时,经与其他技术措施相比较,有条件地选用。

附录 A 各种排水构造物用圬工材料强度要求

表 A 各种排水构造物的材料强度要求

材料类型	最低强度要求	使用场合
砖	MU10	检查井
片石	MU30	沟底和沟壁铺砌
水泥砂浆	M10(寒冷地区)或 M7.5(其他地区)	浆砌、抹面
水泥混凝土	C25(寒冷地区)或 C20(其他地区)	混凝土构件
	C15	混凝土基础

表 A 各种排水构造物的材料强度要求

材料类型	最低强度要求	使用场合
砖	MU10	检查井
片石	MU30	沟底和沟壁铺砌
水泥砂浆	M7.5	浆砌、抹面
水泥混凝土	C20(寒冷地区)或 C15(其他地区)C10	混凝土构件混凝土基础
钢筋	参照《混凝土结构设计规范》(GBJ 10)的规定取用	需配筋的混凝土构造物

新规范附录 A 是在原规范附录 A 的基础上修订的,增加了寒冷地区水泥砂浆的最低强度规定,将水泥混凝土最低强度提高了一个等级。

附录 B　各种沟管的水力半径和过水断面面积计算表

表 B-1　沟管水力半径和过水断面面积计算公式

断面形状	断　面　图	断面面积 A	水力半径 R
矩形	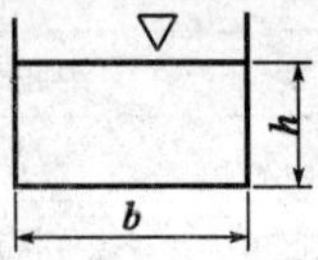	$A=bh$	$R=\frac{bh}{b+2h}$
三角形	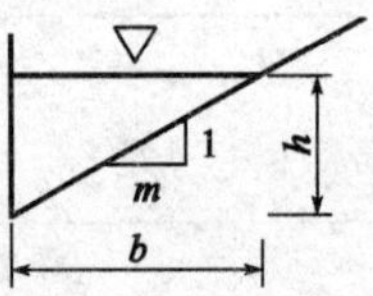	$A=0.5bh$	$R=\frac{0.5b}{1+\sqrt{1+m^2}}$
三角形	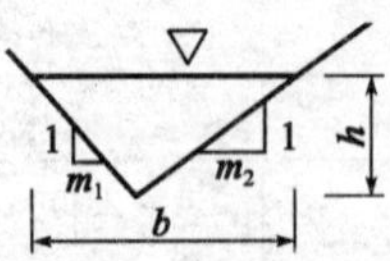	$A=0.5bh$	$R=\frac{0.5b}{\sqrt{1+m_1^2}+\sqrt{1+m_2^2}}$
梯形	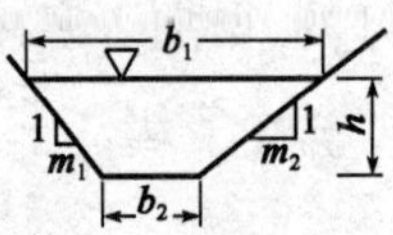	$A=0.5(b_1+b_2)h$	$R=\frac{0.5(b_1+b_2)h}{b_2+h(\sqrt{1+m_1^2}+\sqrt{1+m_2^2})}$
圆形	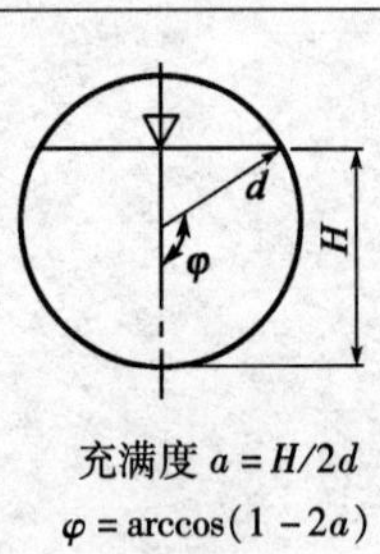 充满度 $a=H/2d$ $\varphi=\arccos(1-2a)$ φ 为弧度	$A=d^2\left(\varphi-\frac{1}{2}\sin2\varphi\right)$	$R=\frac{d}{2}\left(1-\frac{\sin2\varphi}{2\varphi}\right)$

表 B-2 U 形排水沟水力半径和过水断面面积

形式	断 面 图	尺寸(m)			断面面积 A (m^2)	水力半径 R (m)
		b_1	b_2	h		
U 形排水沟	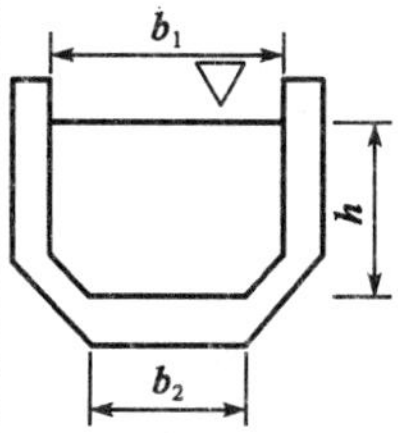	0.18	0.17	0.18	0.033	0.050
		0.24	0.22	0.24	0.055	0.079
		0.30	0.26	0.24	0.067	0.091
		0.30	0.26	0.30	0.084	0.098
		0.36	0.31	0.30	0.101	0.110
		0.36	0.31	0.36	0.121	0.117
		0.45	0.40	0.45	0.191	0.147
		0.60	0.54	0.60	0.342	0.196

表 B-1 沟管水力半径和过水断面面积计算公式

断面形状	断 面 图	断面面积 A	水力半径 R
矩形	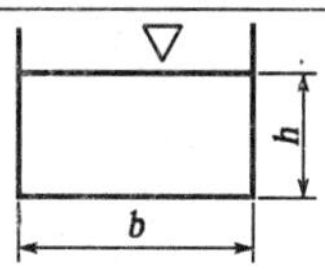	$A=bh$	$R=\dfrac{bh}{b+2h}$
三角形	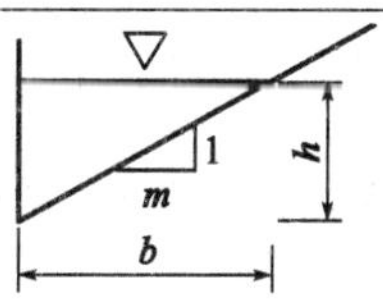	$A=0.5bh$	$R=\dfrac{0.5b}{(1+\sqrt{1+m^2})}$
三角形	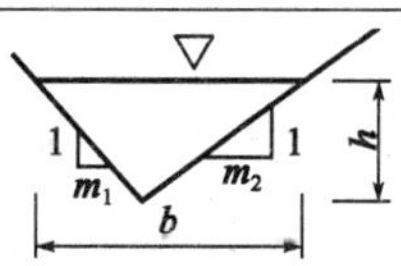	$A=0.5bh$	$R=\dfrac{0.5b}{(\sqrt{1+m_1^2}+\sqrt{1+m_2^2})}$
梯形	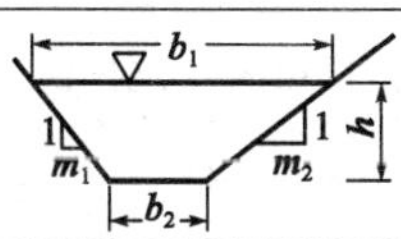	$A=0.5(b_1+b_2)h$	$R=\dfrac{0.5(b_1+b_2)h}{b_2+h(\sqrt{1+m_1^2}+\sqrt{1+m_2^2})}$
圆形	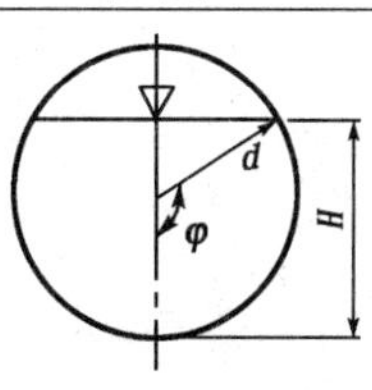	$A=\dfrac{\pi d^2}{4}$	$R=\dfrac{d}{4}$

续上表

断面形状	断　面　图	断面面积 A	水力半径 R
半圆形	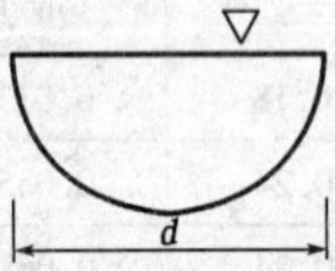	$A=\frac{\pi d^2}{8}$	$R=\frac{d}{4}$

表 B-2　U 形和碟形排水沟水力半径和过水断面面积

形式	断　面　图	尺寸(m)				θ(°)	断面面积 (m²)	水力半径 (m)
		b_1	b_2	h	r			
U 形排水沟	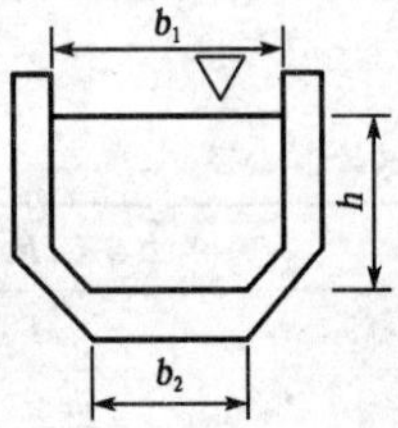	0.18	0.17	0.18			0.033	0.050
		0.24	0.22	0.24			0.055	0.079
		0.30	0.26	0.24			0.067	0.091
		0.30	0.26	0.30			0.084	0.098
		0.36	0.31	0.30			0.101	0.110
		0.36	0.31	0.36			0.121	0.117
		0.45	0.40	0.45			0.191	0.147
		0.60	0.54	0.60			0.342	0.196
碟形排水沟	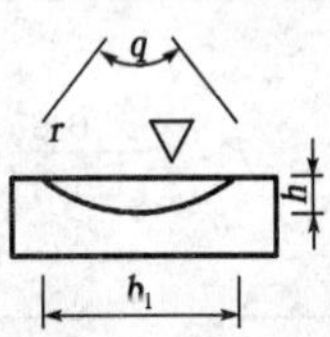	0.50		0.10	0.36	88	0.034	0.062
		0.70		0.15	0.48	92	0.073	0.093
		1.00		0.15	0.91	66	0.102	0.096

新规范附录 B 是在原规范附录 B 基础上修订的。表 B-1 中删除了半圆形沟管水力半径和过水断面面积计算式，利用充满度补充了圆形的沟管水力半径和过水断面面积计算式；删除了表 B-2 中碟形排水管水力半径和过水断面面积数值，因其可采用不同充满度的圆形来表达。

附录 C 开口式泄水口截流率计算诺谟图

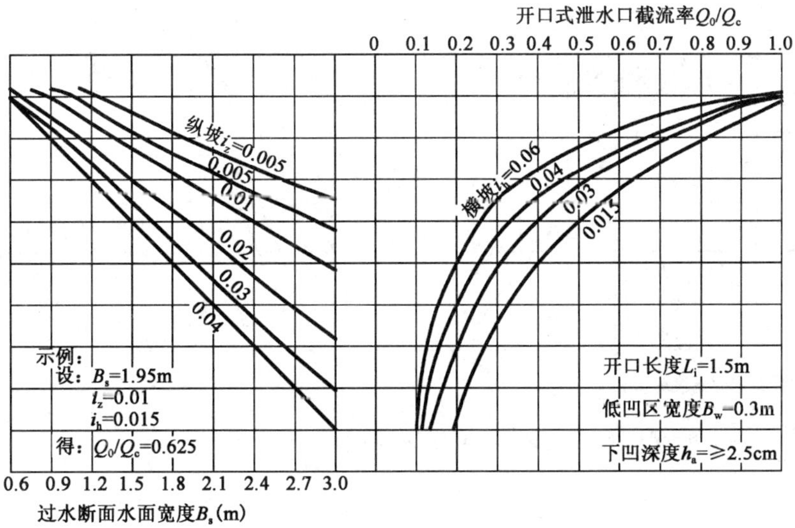

图 C-1 开口长度 L_i = 1.5m，低凹区宽度 B_w = 0.3m，下凹深度 h_a ≥2.5cm

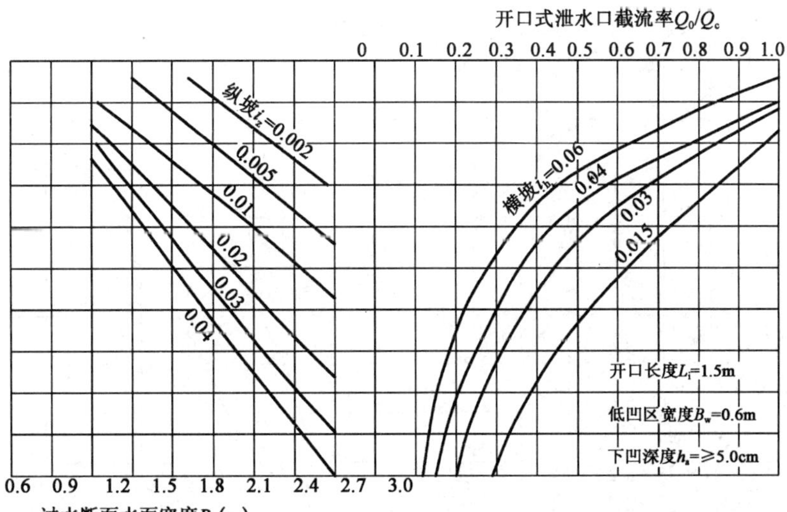

图 C-2 开口长度 L_i = 1.5m，低凹区宽度 B_w = 0.6m，下凹深度 h_a ≥5.0cm

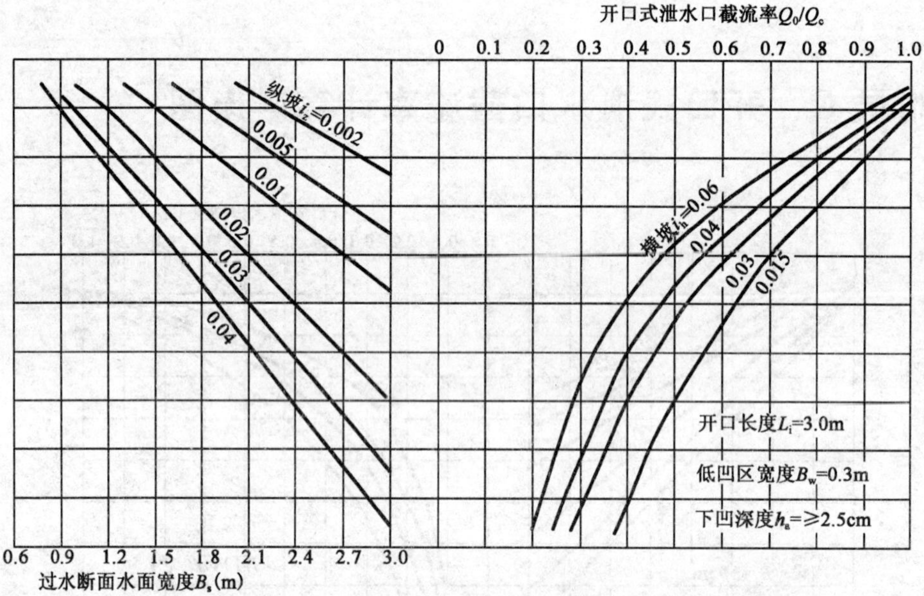

图 C-3 开口长度 L_i =3.0m，低凹区宽度 B_w =0.3m，下凹深度 h_a ≥2.5cm

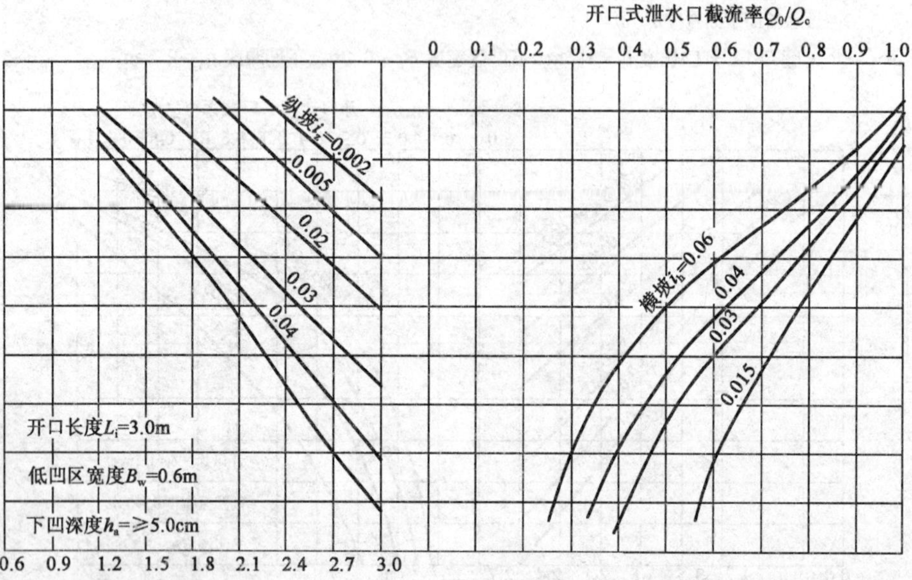

图 C-4 开口长度 L_i =3.0m，低凹区宽度 B_w =0.6m，下凹深度 h_a ≥5.0cm

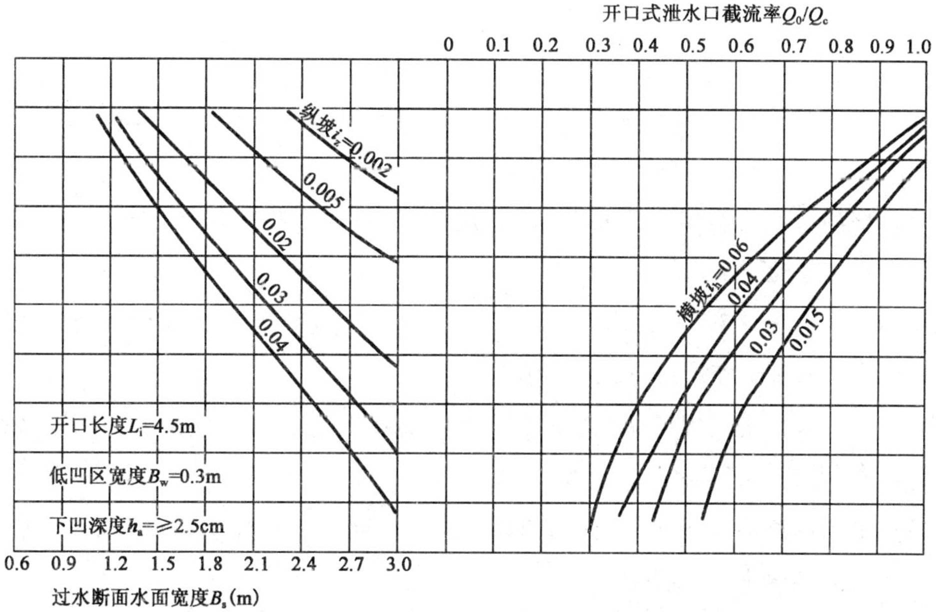

图 C-5　开口长度 L_i =4.5m，低凹区宽度 B_w =0.3m，下凹深度 h_a ≥2.5cm

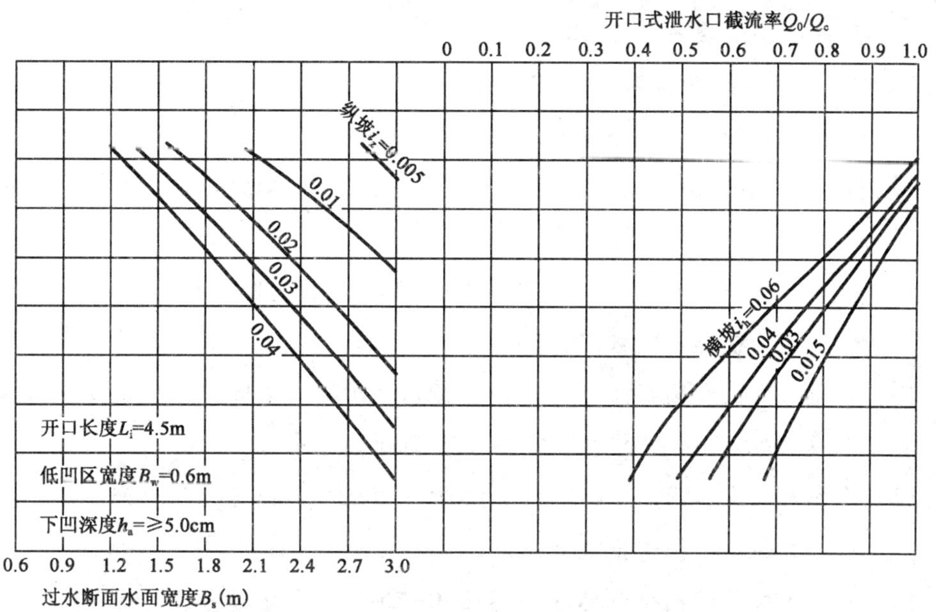

图 C-6　开口长度 L_i =4.5m，低凹区宽度 B_w =0.6m，下凹深度 h_a ≥5.0cm

新规范附录 C 与原规范附录 C 一致，没有变化。

参考文献

[1] 中华人民共和国行业标准. JTG/T D33—2012　公路排水设计规范. 北京:人民交通出版社,2012.

[2] 中华人民共和国行业标准. JTG B01—2003　公路工程技术标准. 北京:人民交通出版社,2003.

[3] 中华人民共和国行业标准. CJJ 37—2012　城市道路工程设计规范. 北京:中国建筑工业出版社,2012.

[4] 中华人民共和国行业标准. JTG D50—2006　公路沥青路面设计规范. 北京:人民交通出版社,2006.

[5] 中华人民共和国行业标准. JTG D30—2004　公路路基设计规范. 北京:人民交通出版社,2004.

[6] 中华人民共和国行业标准. JTG B04—2010　公路环境保护设计规范. 北京:人民交通出版社,2010.

[7] 中华人民共和国国家标准. GB 50014—2006　室外排水设计规范. 北京:中国计划出版社,2006.

[8] 中华人民共和国行业标准. TB 10010—2008　铁路给水排水设计规范. 北京:中国铁道出版社,2008.

[9] 中华人民共和国行业标准. TB 10119—2000　铁路隧道防排水技术规范. 北京:中国铁道出版社,2000.

[10] 中华人民共和国行业标准. DZ/T 0219—2006　滑坡防治工程设计与施工技术规范. 北京:中国标准出版社,2006.

[11] 中华人民共和国行业标准. TB 10079—2002　铁路生产污水处理设计规范. 北京:中国铁道出版社,2002.

[12] 中华人民共和国行业标准. JTG D70—2004　公路隧道设计规范. 北京:人民交通出版社,2004.

[13] 新疆公路学会. 盐渍土地区公路设计与施工指南. 北京:人民交通出版

社,2005.

[14] 姚祖康. 公路排水设计手册. 北京:人民交通出版社,2002.

[15] 交通部第二公路勘察设计院. 公路设计手册. 路基. 2 版. 北京:人民交通出版社,1996.

[16] 弗吉尼亚州交通运输部. 美国弗吉尼亚州排水设计手册. 2002.

[17] 法国道路与高速公路技术研究院. 道路排水技术指南. 2006.

[18] 法国道路与高速公路技术研究院. 道路水处理技术指南. 2006.

[19] 英国高速公路管理局,苏格兰发展部,北爱尔兰环境保护部. 道路与桥梁设计手册　第四卷　岩土工程与排水　排水部分 1 ~ 5 分册. 1999-2006.

[20] 交通部西部交通建设科技项目管理中心. 多年冻土地区公路养护与维修技术指南. 2010.

[21] 交通部西部交通建设科技项目管理中心. 多年冻土地区路基设计指南. 2010.

[22] 长沙理工大学,南京水利科学研究院,中交第二公路勘察设计研究院,等. 膨胀土地区公路修筑成套技术研究. 2008.

[23] 陕西省交通厅世界银行贷款项目执行办公室,长安大学. 黄土地区公路路基设计施工技术研究. 2007.

[24] 长沙理工大学. 华北平原地区高速公路下穿式被交道路排水关键技术研究. 2008.

[25] 高仁和,吉军鹏. 基于欧洲标准的高速公路排水与水资源保护分析. 中外公路,2009(4).

[26] 关彦斌. 大孔隙沥青路面的透水机理及结构设计研究. 北京交通大学博士论文. 2008.

[27] 吕文江. 路面结构内部排水系统研究. 西安交通大学硕士学位论文. 2000.

[28] 王毅. 长大纵坡水泥混凝土桥桥面铺装防水黏结层研究. 长安大学硕士学位论文. 2008.

[29] 魏阳平.浅碟形暗埋边沟的排水设计.公路交通技术,2009(3).

[30] 孟晓文,韩健.寒区公路涎流冰防治技术应用研究.低温建筑技术,2010(5).

[31] 谈至明.公路截水沟设计和典型结构.公路交通科技,2005,22(5).

[32] 崔凌秋,辛德刚.吉林地区道路冻深影响因素分析.辽宁交通科技,2004(1).

[33] 贾致荣,郭忠印,房建国.青莱高速公路截水沟处理实践.路基工程,2008(4).

[34] 贾绍明,冯忠居.江珠高速公路生态排水应用技术研究.公路交通科技(应用技术版),2007(4).

公路工程现行标准、规范、规程、指南一览表

序号	类别		编号	书名(书号)	定价(元)
1	基础		JTJ 002—87	公路工程名词术语(0346)	22.00
2			JTJ 003—86	公路自然区划标准(0348)	16.00
3			JTG B01—2003	公路工程技术标准(04957)	28.00
4			JTJ 004—89	公路工程抗震设计规范(0347)	15.00
5			JTG/T B02-01—2008	公路桥梁抗震设计细则(1228)	35.00
6			JTG B03—2006	公路建设项目环境影响评价规范(0927)	26.00
7			JTG B04—2010	公路环境保护设计规范(08473)	28.00
8			JTG/T B05—2004	公路项目安全性评价指南(0784)	18.00
9			JTG B06—2007	公路工程基本建设项目概算预算编制办法(06903)	26.00
10			JTG/T B06-01—2007	★公路工程概算定额(06901)	110.00
11			JTG/T B06-02—2007	★公路工程预算定额(06902)	138.00
12			JTG/T B06-03—2007	★公路工程机械台班费用定额(06900)	24.00
13			交通部定额站2009版	公路工程施工定额(07864)	78.00
14			JTG/T B07-01—2006	公路工程混凝土结构防腐蚀技术规范(0973)	16.00
15			交通部2007年第30号	国家高速公路网相关标志更换工作实施技术指南(1124)	58.00
16			交通部2007年第35号	收费公路联网收费技术要求(1126)	62.00
17			交通运输部2011年第13号	收费公路联网电子不停车收费技术要求(09033)	120.00
18			交通运输部2011年	公路工程项目建设用地指标(09402)	36.00
19	勘测		JTG C10—2007	★公路勘测规范(06570)	28.00
20			JTG/T C10—2007	★公路勘测细则(06572)	42.00
21			JTG C20—2011	公路工程地质勘察规范(09507)	65.00
22			JTG/T C21-01—2005	公路工程地质遥感勘察规范(0839)	17.00
23			JTG C30—2002	公路工程水文勘测设计规范(0604)	22.00
24			JTG/T C22—2009	公路工程物探规程(1311)	28.00
25	设计	公路	JTG D20—2006	★公路路线设计规范(0996)	38.00
26			JTG D30—2004	公路路基设计规范(05326)	48.00
27			JTG/T D31—2008	沙漠地区公路设计与施工指南(1206)	32.00
28			JTG/T D31-03—2011	★采空区公路设计与施工技术细则(09181)	40.00
29			JTG/T D31-04—2012	多年冻土地区公路设计与施工技术细则(10260)	40.00
30			JTG/T D32—2012	公路土工合成材料应用技术规范(09908)	42.00
31			JTG D40—2011	★公路水泥混凝土路面设计规范(09463)	40.00
32			JTG D50—2006	★公路沥青路面设计规范(06248)	36.00
33			JTG/T D33—2012	公路排水设计规范(10337)	40.00
34		桥隧	JTG D60—2004	公路桥涵设计通用规范(05068)	24.00
35			JTG/T D60-01—2004	公路桥梁抗风设计规范(0814)	28.00
36			JTG/T D65-01—2007	公路斜拉桥设计细则(1125)	28.00
37			JTG D61—2005	公路圬工桥涵设计规范(0887)	19.00
38			JTG D62—2004	公路钢筋混凝土及预应力混凝土桥涵设计规范(05052)	48.00
39			JTG D63—2007	公路桥涵地基与基础设计规范(06892)	48.00
40			JTJ 025—86	公路桥涵钢结构及木结构设计规范(0176)	20.00
41			JTG/T D65-04—2007	公路涵洞设计细则(06628)	26.00
42			JTG D70—2004	公路隧道设计规范(05180)	50.00
43			JTG/T D70—2010	★公路隧道设计细则(08478)	66.00
44			JTJ 026.1—1999	公路隧道通风照明设计规范(0397)	16.00
45			JTG/T D71—2004	公路隧道交通工程设计规范(0810)	26.00
46		交通	JTG D80—2006	高速公路交通工程及沿线设施设计通用规范(0998)	25.00
47			JTG D81—2006	★公路交通安全设施设计规范(0977)	25.00
48			JTG/T D81—2006	★公路交通安全设施设计细则(0997)	35.00
49			JTG D82—2009	公路交通标志和标线设置规范(07947)	116.00
50		综合	交公路发〔2007〕358号	公路工程基本建设项目设计文件编制办法(06746)	26.00
51			交公路发〔2007〕358号	公路工程基本建设项目设计文件图表示例(06770)	600.00

续上表

序号	类别		编　号	书名(书号)	定价(元)
52	检测		JTG E20—2011	公路工程沥青及沥青混合料试验规程(09468)	106.00
53			JTG E40—2007	★公路土工试验规程(06794)	79.00
54			JTG E30—2005	公路工程水泥及水泥混凝土试验规程(0830)	32.00
55			JTG E41—2005	公路工程岩石试验规程(0828)	18.00
56			JTJ 056—84	公路工程水质分析操作规程(02971)	8.00
57			JTG E42—2005	公路工程集料试验规程(0829)	30.00
58			JTG E50—2006	★公路工程土工合成材料试验规程(0982)	28.00
59			JTG E51—2009	公路工程无机结合料稳定材料试验规程(08046)	48.00
60			JTG E60—2008	公路路基路面现场测试规程(07296)	38.00
61	施工	公路	JTG F10—2006	公路路基施工技术规范(06221)	40.00
62			JTJ 034—2000	公路路面基层施工技术规范(0431)	20.00
63			JTG F30—2003	公路水泥混凝土路面施工技术规范(04622)	46.00
64			JTJ 037.1—2000	公路水泥混凝土路面滑模施工技术规程(0425)	16.00
65			JTG F40—2004	公路沥青路面施工技术规范(05328)	38.00
66			JTG F41—2008	公路沥青路面再生技术规范(07105)	25.00
67		桥隧	JTG/T F50—2011	★公路桥涵施工技术规范(09224)	110.00
68			JTG/T F81-01—2004	公路工程基桩动测技术规程(0783)	20.00
69			JTG F60—2009	公路隧道施工技术规范(07992)	42.00
70			JTG/T F60—2009	公路隧道施工技术细则(07991)	58.00
71		交通	JTG F71—2006	★公路交通安全设施施工技术规范(0976)	20.00
72			JTG/T F83-01—2004	高速公路护栏安全性能评价标准(0809)	15.00
73			JTG/T F72—2011	公路隧道交通工程与附属设施施工技术规范(09509)	35.00
74	质检安全		JTG F80/1—2004	公路工程质量检验评定标准　第一册　(土建工程)(05327)	46.00
75			JTG F80/2—2004	公路工程质量检验评定标准　第二册　(机电工程)(05325)	26.00
76			JTG G10—2006	公路工程施工监理规范(06267)	20.00
77			JTJ 076—95	公路工程施工安全技术规程(0049)	12.00
78	养护管理		JTG H10—2009	公路养护技术规范(08071)	49.00
79			JTJ 073.1—2001	公路水泥混凝土路面养护技术规范(0520)	12.00
80			JTJ 073.2—2001	公路沥青路面养护技术规范(0551)	13.00
81			JTG H11—2004	公路桥涵养护规范(05025)	30.00
82			JTG H12—2003	公路隧道养护技术规范(0695)	26.00
83			JTG H20—2007	公路技术状况评定标准(1140)	15.00
84			JTG/T H21—2011	★公路桥梁技术状况评定标准(09324)	46.00
85			JTG H30—2004	公路养护安全作业规程(05154)	36.00
86			JTG H40—2002	公路养护工程预算编制导则(0641)	9.00
87	加固设计与施工		JTG/T J21—2011	公路桥梁承载能力检测评定规程(09480)	20.00
88			JTG/T J22—2008	公路桥梁加固设计规范(07380)	52.00
89			JTG/T J23—2008	公路桥梁加固施工技术规范(07378)	30.00
90	造价		JTG M20—2011	公路工程基本建设项目投资估算编制办法(09557)	110.00
91			JTG/T M21—2011	公路工程估算指标(09531)	30.00
1	技术指南		中建标公路[2002]1 号	公路沥青玛蹄脂碎石路面技术指南(0634)	20.00
2			交公便字[2005]330 号	公路机电系统维护技术指南(0922)	30.00
3			交公便字[2006]02 号	公路工程水泥混凝土外加剂与掺合料应用技术指南(0925)	50.00
4			交公便字[2005]329 号	★微表处和稀浆封层技术指南(0920)	18.00
5			交公便字[2005]329 号	公路冲击碾压应用技术指南(0921)	15.00
6			交公便字[2006]02 号	公路工程抗冻设计与施工技术指南(0926)	26.00
7			厅公路字[2006]418 号	公路安全保障工程实施技术指南(1034)	40.00
8			交公便字[2006]02 号	公路土钉支护技术指南(0995)	22.00
9			交公便字[2006]274 号	公路钢箱梁桥面铺装设计与施工技术指南(1008)	25.00
10			交公便字[2006]243 号	盐渍土地区公路设计与施工指南(1006)	20.00
11				横张预应力混凝土桥梁设计施工指南(0831)	15.00
12			交公便字[2009]145 号	公路交通标志和标线设置手册(07990)	165.00

注:JTG——公路工程行业标准体系;JTG/T——公路工程行业推荐性标准体系;JTJ——仍在执行的公路工程原行业标准体系。批发业务电话:010-59757973;零售业务电话:010-85285659(北京);网上书店电话:010-59757908;业务咨询电话:010-85285922。带“★”的表示有勘误,详见 www.ccpress.com.cn 人民交通出版社网站首页。